UM HOMEM À FRENTE DE SEU TEMPO

O psicodrama de Moreno no século XXI

Dados Internacionais de Catalogação na Publicação (CIP)
(Câmara Brasileira do Livro, SP, Brasil)

Um homem à frente de seu tempo : o psicodrama de Moreno
no século XXI / Ronaldo Pamplona da Costa (org.) — São
Paulo : Ágora, 2001.

Vários autores.
Bibliografia.
ISBN 85-7183-789-9

1. Moreno, Jacob Levy, 1889-1974   2. Psicodrama
I. Título: O psicodrama de Moreno no século XXI.   II. Costa,
Ronaldo Pamplona da Costa.

01-3638   CDD-150.198

Índice para catálogo sistemático:

1. Psicodrama : Psicologia   150.198

Compre em lugar de fotocopiar.
Cada real que você dá por um livro recompensa seus autores
e os convida a produzir mais sobre o tema;
incentiva seus editores a encomendar, traduzir e publicar
outras obras sobre o assunto;
e paga aos livreiros por estocar e levar até você livros
para a sua informação e o seu entretenimento.
Cada real que você dá pela fotocópia não-autorizada de um livro
financia um crime
e ajuda a matar a produção intelectual em todo o mundo.

UM HOMEM À FRENTE DE SEU TEMPO

O psicodrama de Moreno no século XXI

Ronaldo Pamplona da Costa
(organizador)

ÁGORA

UM HOMEM À FRENTE DE SEU TEMPO
O psicodrama de Moreno no século XXI
Copyright © 2001 by autores

Capa:
Renata Buono

Editoração e fotolitos:
JOIN Bureau de Editoração

Proibida a reprodução total ou parcial
deste livro, por qualquer meio e sistema,
sem o prévio consentimento da Editora.

Todos os direitos reservados pela
  Editora Ágora Ltda.

  Rua Itapicuru, 613 – cj. 72
  05006-000 – São Paulo, SP
  Telefone: (11) 3872-3322   Fax (11) 3872-7476
  http://www.editoraagora.com.br
  e-mail: agora@editoraagora.com.br

Sumário

Prefácio 7
Wilson Castello de Almeida

Locus e *status nascendi* deste livro 9
José Fonseca

Apresentação 13
Ronaldo Pamplona da Costa

PARTE I – Utopias, ciência e religião

Da utopia à realização: como sobrevivem as
idéias revolucionárias de Moreno 19
Márcia Regina Menezes Pereira Barretto

O *status* científico do psicodrama 35
Cláudio Hermann Pawel

O psicodrama e a busca da verdade 47
Milene De Stefano Féo

Self: três abordagens psicológicas 61
Maria da Glória Hazan

PARTE II – A família no palco

Palco, teatro e psicodrama 75
Carlos A. S. Borba

Moreno: contribuições pioneiras na psicoterapia de
casais e de famílias 93
Luis Russo

Átomo social: o pulsar das relações 109
Anna Maria Antonia Abreu Costa Knobel

Alegria: energia libertadora 127
Martha Figueiredo

PARTE III – O público e o privado da humanidade

Moreno e o beijo na boca: o destino do ser humano 139
Elisabeth Maria Sene Costa

O público e o privado 167
Stela Regina de Souza Fava

O psicodrama da humanidade. Utopia, será? 171
Rosa Cukier

Telepsicodrama: um sonho de Moreno em pesquisa 189
Ronaldo Pamplona da Costa

Psicodrama na rua 205
Antonio Carlos Cesarino

Prefácio

Wilson Castello de Almeida

Na missa católica, o prefácio precede ao cânon litúrgico, para abrir as mentes e os corações à mensagem da cerimônia. Faço o registro e lanço a pergunta: em um livro, o que é o prefácio? Certa opinião dá a ele a categoria de página de inscrição, no livro, da biografia intelectual e da carreira profissional do autor. Para alguns, entretanto, ele teria a função de comentar o teor do volume prefaciado. Outros transformam a tarefa em recensão, que nada mais é do que o estudo crítico do pensamento e da ideologia do escritor, com a apreciação da obra como um todo, e não só do tomo em questão. Ainda, poderia ser a análise do caminho percorrido pelo escrito, desde a sua concepção até a publicação. Certos prefaciadores, na oportunidade, preparam um artigo com tema correlato ao do livro, tornando-o verdadeiro capítulo inicial. O prefácio pode, outrossim, tomar o jeito de uma resenha, antecipando-se à notícia a ser dada, em folhetim especializado, após o lançamento da edição.

Esta minha preliminar será um pouco diferente, como o leitor verá. Por ora faço outra pergunta: quem deve escrevê-lo?

Às vezes o próprio autor se investe dessa condição, mas, na verdade, a ele cabe, sim, a "apresentação", onde dirá a que veio, conduzindo o interessado pela sinopse capaz de despertar-lhe o interesse na leitura subseqüente. De fato, de um modo geral, quem faz o prólogo é um convidado especial. As editoras não têm critério determinado para isso. No entanto, a Ágora estabeleceu normas pelas quais os autores escolhem, para prefaciar, alguém fora do contexto da produção, o assim chamado "padrinho".

E daí explica-se por que há um tipo de proêmio diferente, aquele que, de forma predominante, se faz depositário de afetos, envolvendo padrinho e afilhado. É o caso deste que você lê, redigido com muita satisfação e maior alegria, pois os autores do livro são meus colegas, de variadas datas, por quem nutro carinhosa amizade. Não quero perder a oportunidade de falar, um pouquinho, do trabalho por eles empreendido com tanto entusiasmo e dedicação. Acompanhei-os no grupo de estudos criado e dirigido por José Fonseca, com a finalidade de debater as idéias e as propostas de J. L. Moreno, à luz da atualidade, com a intenção de delinear o psicodrama contemporâneo. Por dez anos auxiliei na coordenação das reuniões semanais do GEM-Daimon e participei, junto a todos, de uma fraterna (a)ventura intelectiva.

Os autores deste *Um homem à frente de seu tempo* são pessoas maduras, bem estabelecidas profissionalmente e de excelente conceito em seus respectivos campos de atividade. Foram todos iluminados pelo estalo necessário para o bem escrever. A partir da leitura técnica e amorosa do *Quem sobreviverá?* e de outros índices da biblioteca beaconiana, produziram paráfrases, acepções próprias, estilos autônomos, idéias interessantes e espirituosas eurecas. Tudo composto escorreitamente, com o pensamento claro e proposições objetivas, fazendo o livro apresentar dois lastros: o da presença e valor individual de cada colaborador e o do reflexo participativo e atuante do grupo que os une.

Hoje, vejo como o garimpar aquela obra de metodologia grupal rendeu pepitas e o quanto os seminários realizados permitiram apreender o espírito ético do criador da socionomia/sociatria. Autorizo-me, pois, a afirmar: os colegas, autores, foram felizes em seus textos, conseguindo resgatar Moreno, aquém e além do mito, trazendo-o para o seu lugar verdadeiro: o século XXI. E, não duvidem, este será o tempo de muitas surpresas, para as quais temos de preparar corações e mentes com o uso, tanto quanto possível, da inspiração psicodramática.

Locus e *status nascendi* deste livro

José Fonseca

Permitam-me uma breve incursão histórica para situar o *locus* e o *status nascendi* deste livro. Ele tem a ver com o Daimon – Centro de Estudos do Relacionamento e seus grupos de estudos. Na verdade, esses grupos deram origem ao Daimon e não ao contrário, como poderia parecer. Eles surgiram como um apêndice às supervisões clínicas grupais que coordenava na década de 1970. Meus supervisionandos, jovens psicodramatistas, sentiam necessidade de conhecimentos teóricos complementares ao psicodrama (e eu também). Outros colegas e amigos comuns se agregaram ao projeto. Assim, de maneira amadora, percorremos vários autores fundamentais da psicologia moderna. Anos depois, este grupo transformou-se no Grupo de Estudos de Psicodinâmica – GEP. Motivados pelo exercício intelectual, passamos a convidar especialistas para falarem dos temas estudados e, assim, surgiu outra atividade: as palestras. Quando me dei conta, já existia um centro de estudos funcionando (supervisões, grupos de estudos e palestras). Em 1984, foi criada mais uma atividade: as sessões abertas de psicoterapia. Somente então foi dado um nome ao centro: Daimon.

Por incrível que pareça, eu coordenava uma entidade eminentemente voltada para o psicodrama, sem possuir um espaço particular para o estudo de sua teoria. Para reparar esse contra-senso, convidei Wilson Castello de Almeida, velho amigo e intelectual refinado, para compor a parceria de coordenação do Grupo de Estudos de Moreno – GEM. Nossa proposta era estudar Moreno à luz da atualidade e delinear um perfil do psicodrama contemporâneo. Wilson nos acompanhou por longos e profícuos anos. Atualmente, seu lugar é ocupado por outro histórico companheiro do psicodrama brasileiro: Antonio Carlos Cesarino.

O GEM teve início em 1992. Para nossa surpresa, pois esperávamos psicodramatistas iniciantes, o grupo foi constituído por nomes relevantes do movimento psicodramático paulista (basta ver a lista de autores deste livro). A coordenação nem sempre era fácil, uma vez que tratávamos com pessoas com larga experiência psicodramática. Cada integrante possuía opiniões consolidadas sobre Moreno. Aos poucos fomos aprendendo a conviver com as diferenças e a perceber que idéias e sentimentos são passíveis de transformação.

Iniciamos com os protocolos de Moreno, casos clínicos atendidos por Moreno em seu pequeno hospital psiquiátrico de Beacon. Inspirados pela criatividade do grupo, preparamos um texto teatral baseado no caso Robert. Ele foi apresentado como Moreno o dirigiu na década de 1930 (Anita Malufe desempenhou o papel de Moreno, Carlos Borba o de Robert e Valéria Barcelos o da esposa de Robert, Mary). Convidamos Camila Salles Gonçalves e Sérgio Perazzo para comentarem a apresentação e, mais tarde, Cida Davoli e Martha Figueiredo para redirigi-lo, em versão moderna e como contraponto à forma original de Moreno. Os atores, nessa segunda etapa do trabalho, transformavam-se em egos-auxiliares. Creio que essa experiência de teatro tradicional ("legítimo", segundo Moreno) seguido de teatro espontâneo (ou psicodrama) inspirou, em parte, Camila Salles Gonçalves a criar posteriormente o "Grupo Vagas Estrelas", que pauta sua forma de apresentação também nesse modelo. O resgate do estudo dos protocolos de Moreno teve sua culminância no "XII Congresso Brasileiro de Psicodrama", em 2000, quando vários deles foram apresentados por diferentes grupos e reapresentados na programação do Daimon e da Sociedade de Psicodrama de São Paulo – SOPSP, em 2001.

O GEM é um laboratório de idéias. Atualmente debruça-se sobre *As palavras do pai*, obra escrita em versos por Moreno. Constituíram-se vários grupos de jograis, cada um com quatro integrantes, que declamam previamente o texto a ser discutido.

Uma etapa árdua foi o estudo do livro *Quem sobreviverá?*. Levamos alguns bons anos destrinchando conceitos, comparando edições, tentando inverter papéis com o autor, às vezes achando-o louco e outras gênio. Mas valeu a pena! Novamente a criatividade do grupo se fez presente. Como Ronaldo Pamplona da Costa descreve em sua apresentação, o grupo passou a fazer reuniões à margem dos encontros oficiais (constituiu-se o "Geminho"), elaborando textos inspirados nas discussões do grupo. Ronaldo foi incansável em coordenar, cobrar a entrega dos capítulos e, finalmente, compor a publicação com a editora. *Quem sobreviverá?* foi decantado pelos autores neste volume que o leitor tem em mãos. Entenda-se *decantação* em seu sentido duplo, tanto no de purificar, tornar mais claro, como no de celebrar por intermédio do canto ou verso.

O eixo deste livro, como já foi comentado, revela o percurso trilhado pelo grupo, mas, ao mesmo tempo, espelha o interesse particular de cada autor. Os autores pertencem a diferentes gerações do movimento psicodramático brasileiro. Seus textos refletem a marca pessoal e criativa de uma mesma influência recebida, a influência moreniana. Sinto-me orgulhoso de ser, como comenta Wilson Castello de Almeida em seu prefácio, um dos "padrinhos" do livro.

Apresentação

Ronaldo Pamplona da Costa

Em meados da década de 1990, a tarefa dos autores deste livro, integrantes do Grupo de Estudos de Moreno (GEM), era ler *Quem sobreviverá? – Fundamentos da sociometria, psicoterapia de grupo e sociodrama*, Goiânia, Dimensão Editora, 1993, livro publicado por Moreno em 1933 e revisto para uma segunda edição em 1954, na qual introduziu um novo primeiro capítulo, denominado "Prelúdios do movimento sociométrico" – um misto de história do psicodrama até a época com a primeira autobiografia de Moreno.

A leitura do livro sobre sociometria é exaustiva, penosa e enfadonha. Demanda paciência e boa vontade, mas também provoca surpresas inesperadas. Tínhamos a sensação de que permanecíamos mergulhados no mar da pesquisa moreniana da década de 1930 e, de vez em quando, encontrávamos pérolas que nos deixavam extasiados.

Realmente, passados alguns anos, ao final da leitura dos três tomos da edição brasileira do livro, estávamos convencidos de que todas as bases teóricas do diagnóstico, do funcionamento e do tratamento dos grupos humanos estão estabelecidas nessa obra. A pesquisa que Moreno desenvolveu no Reformatório de Moças de Hudson, Nova York, contida no livro, comprova essas bases. A leitura da obra foi o fio que nos permitiu fazer o colar com as pérolas encontradas.

A leitura de "Prelúdios", que deixamos para o fim, provocou no grupo uma onda de admiração, quiçá paixão, por este homem que nos acostumamos a criticar severamente, ao mesmo tempo que admiramos.

Além de ser um dos pioneiros da psicoterapia de grupo, o criador desta designação e aquele que buscou e encontrou no teatro as raízes para a criação do psicodrama terapêutico e pedagógico, Moreno foi precursor das psicoterapias de casal e de família, da comunidade terapêutica, da antipsiquiatria, da terapia sexual de casal, do *playback theather*, do videopsicodrama, do telepsicodrama, enfim, de um sem-número de contribuições para as psicoterapias individual e grupal, assim como no campo da educação e de outras áreas do conhecimento humano.

Imbuídos desse espírito, no ano de 1997 e 1998 passamos a nos reunir também em separado do grupo de estudos, e constituímos o que denominamos "Geminho", para discutir os temas para este livro. O que apresentamos a seguir, em doze artigos, foi o que resultou desses encontros.

É um pouco do todo que Moreno estudou e pesquisou. São reflexões de hoje sobre temas que nasceram ontem ou que ainda estão por nascer. Lendo este livro, você vai se encontrar com Márcia pensando a utopia; com Maria da Glória, a religião; com Pawel, a ciência; com Milene, a verdade. Pode estar ainda com Carlos no teatro; com Anna, no átomo social; com Luis, em família; e ficar alegre com Martha. Querendo, pode beijar na boca com Elisabeth; ficar entre o público e o privado com Stella; tratar com Rosa de toda a humanidade; aparecer na TV comigo; e ir para a rua com Cesarino. Sim, a razão do 13º artigo é a prática moreniana no início do século XXI, o Psicodrama da Ética.

No final do ano 2000, a cidade de São Paulo elegeu como prefeita a psicóloga, sexóloga, psicanalista e feminista Marta Suplicy. Foi uma grata novidade ver uma política com essas características assumir o comando de uma das maiores cidades do mundo. Significa poder contar com uma administração que leva em conta também a subjetividade, a inter-relação humana, os direitos humanos, a cidadania, a ética.

Em 21 de março de 2001, a prefeita patrocinou um megaevento na cidade. Organizados pela educadora Marisa Greeb, uma das pioneiras do psicodrama pedagógico (das primeiras alunas de M. Alícia Romaña), e pelo psiquiatra João Batista Breda, foram realizados 150 atos psicodramáticos, que envolveram cerca de seiscentos psicodramatistas e 8 mil participantes. Dez dos autores deste livro participaram do Psicodrama da Ética e Cidadania. Pela primeira vez, o psicodrama apareceu durante vários dias em todos os meios de comunicação. Mereceu debates na internet, artigos em jornais. É da *Folha de S.Paulo* que trazemos o artigo "Psicodrama na rua" de Antonio Carlos Cesarino, um dos pioneiros do Psicodrama brasileiro e um dos coordenadores do GEM, em substituição a Wilson. Inserimos em nosso livro algo desse evento sociátrico, pois nele as idéias de Moreno geradas na primeira metade do século passado foram postas em prática dessa forma pela primeira vez.

Nos valemos de nossas realizações propiciadas por Marta Suplicy para homenagear Moreno, um homem que viveu à frente do seu tempo.

Para finalizar quero contar que o Geminho solicitou que eu organizasse este livro. No entanto, só administrei sua concretização junto à Editora Ágora. Todo o restante foi feito pelo grupo. Por justiça, a organização é do GEM.

Um agradecimento ao Fonseca e ao Wilson, por possibilitarem a nossa existência como grupo e por coordenarem e integrarem o processo transformador da nossa conserva cultural em criatividade, enquanto lemos Moreno.

PARTE I

UTOPIAS, CIÊNCIA E RELIGIÃO

Da utopia à realização: como sobrevivem as idéias revolucionárias de Moreno

Márcia Regina Menezes Pereira Barretto

Imagine-se num carro percorrendo estradas construídas nas mais diferentes épocas. Uma cheia de curvas, outra reta e interminável e outra, ainda, de terra com vários atoleiros. Percorrê-las é uma grande aventura. Na primavera, ao voltarmos àquela estrada cheia de curvas, quase não a reconhecemos. Está forrada de flores por todo o trajeto. No verão, ensolarada e árida, no outono coberta por folhas e no inverno por neve. Imagine-se indo e voltando, em diferentes momentos da vida. Na estrada de terra, onde antes atolávamos, tudo agora é diferente. O asfalto transforma o cenário. Como é mais fácil trafegar nela! O motorista nos mostra cada detalhe da estrada. Às vezes, dirige lento demais, tornando a viagem cansativa. Outras vezes, acelera, vamos em alta velocidade, e daí nos surpreende, freando bruscamente ou, então, altera o caminho sem qualquer aviso. Precisamos respirar fundo para acompanhá-lo.

Ler Moreno no GEM-Daimon é como percorrer essas estradas, tendo ele próprio, Moreno, como condutor. Podemos acompanhar seu jeito diversificado e desorganizado de pensar, de ir e voltar a temas de seu interesse. Juntar fragmentos de sua obra, entender os momentos em que foram escritos e buscar no todo a essência do psicodrama tem sido um trabalho muito construtivo e surpreendente. Resgato a genialidade de Moreno ao cruzar os campos da filosofia, sociologia, psicologia e psiquiatria, vendo-o aventurar-se nos mais diferentes campos da ação humana: teatro, trabalho comunitário, política, recreação, educação, espiritualidade (religião e cosmologia). É essa ousadia que faz Moreno me parecer tão singular. Seria muito bom ver que o brilho despertado, em mim e em muitas outras pessoas, pudesse ser ainda mais aproveitado e capitalizado nos aspectos em que, de fato, ele teve seus méritos.

Retorno no tempo. Lembro do interesse inicial que o psicodrama me despertou. Reflito sobre quais idéias permanecem vivas em minha realidade, dentro das quatro paredes do trabalho clínico. Concluo que não sobreviveram alguns dos aspectos que mais me entusiasmaram há vinte anos. Penso sobre que pontos comuns teria minha trajetória com relação à de outros colegas psicodramatistas. Como Moreno permanece vivo na prática de cada um? E, mais amplamente, como sobrevivem, ao longo do tempo e sem a presença de seu criador, aqueles ideais revolucionários? A que distância encontra-se o psicodrama atual de sua essência?

Milan, B. (1976); Naffah Netto, A. (1979); Aguiar, M. (1990); Fonseca, J. (1997); Castello de Almeida, W. (1981, 1988, 1991) são apenas alguns dos muitos que se debruçaram no estudo dessas questões. Assim, fatores como a operacionalidade do psicodrama, sua conceituação teórica, implicações políticas da prática psicodramática tendo como contraponto sua essência, as histórias dos movimentos psicodramáticos nos diferentes locais em que se inseriram e outras questões que interferem no alcance do psicodrama atual já foram foco de importantes estudos.

A esses fatores, proponho acrescentar uma reflexão sobre a experiência de cada psicodramatista. A trajetória de cada um, com seus movimentos vistos em câmera lenta, podem nos levar a pensar a respeito dos contornos do movimento psicodramático como um todo. "De forma psicodramática, podemos dizer que a matriz de identidade profissional determina o percurso do psicoterapeuta [...] Observamos que diferentes autores valorizam partes distintas do corpo teórico do psicodrama", afirma Fonseca (1996: 28). Dessa forma, a relação do psicodramatista com as idéias de Moreno, os questionamentos e recortes priorizados em cada momento da sua trajetória profissional, são frutos da sua singularidade tanto no pessoal como no profissional e, conforme se inscrevem na comunidade científica, o reconhecimento da obra moreniana, reconhecimento esse determinado por fatores históricos, teóricos e práticos.

Este artigo presta-se a uma reflexão sobre a sobrevivência do psicodrama, partindo de minha trajetória como psicodramatista, uma entre tantas outras, que, somadas e multiplicadas, em suas diferenças e semelhanças, formam o perfil do psicodrama em nossos dias. Na seqüência, abordarei questões relativas à validação de seu corpo teórico, seguidas de trechos de Moreno e colegas, por refletirem o amplo alcance que se projetava para a obra moreniana no futuro, no ano 2000. Esse futuro, a que ele se referia, é hoje! Finalizo o texto, apresentando minhas reflexões sobre as possibilidades de um melhor aproveitamento do legado que Moreno nos deixou, com a convicção de que podemos ser agentes da tarefa de criar oportunidades para isso.

Da utopia à realização: meu trajeto como psicodramatista

Conheci o psicodrama em 1975, durante o curso de psicologia. No currículo, psicanálise e behaviorismo representavam o grande eixo – a auto-estrada larga, bem pavimentada e bem desenhada no mapa do universo acadêmico –, ocupando boa parte da carga horária, com aulas e seminários sempre ministrados pelo professor titular. O restante do programa, gestalt, Reich, psicodrama etc., compunham uma só disciplina, na qual os alunos, em grupo, apresentavam em seminários um método diferente de psicoterapia. Assim Moreno se apresentou, despertando em mim um interesse maior.

Àquela altura do curso, entre os conceitos abstratos da psicanálise e as muitas horas utilizadas no laboratório condicionando os "ratinhos de Skinner", foi um grande alívio entrar em contato com o "Projeto Socionômico", que representou uma luz no sentido de ver aproximada a psicologia ao *status* de ciência, sem, contudo, afastar o homem de sua condição humana. Moreno propunha estudar e tratar o homem sem pinçá-lo de seu meio social, que tantas variáveis apresenta à existência. A força da realidade e do imaginário tendo expressão no palco psicodramático.

Por outro lado, impressionava-me também a abrangência das idéias propostas por Moreno. A partir dele talvez pudéssemos imaginar um alcance maior para a psicologia. Parecia-me bastante revolucionária a proposta de um método de tratamento que não ficasse restrito ao indivíduo isolado, à prática de consultório, indo do indivíduo ao grupo e ao social. Nas palavras de Fonseca, Moreno:

[...] propõe à sociologia o estudo das microssociedades em contraposição às macrossociedades de Comte, Marx e outros. Chama a atenção para a dinâmica dos pequenos grupos, que, reunidos, constituem as grandes massas. [...] A sociatria seria a ciência para a cura dos sistemas sociais. Ainda que tudo isso pareça utópico, ainda que estejamos extremamente longe desta meta, não poderemos negar que a humanidade está precisando de psicoterapia. (Fonseca, 1980: 9)

Para Moreno:

Através de demonstrações diretas, práticas e imediatas da utilidade dos métodos sociométricos, a fé na ciência pode ser recuperada e concretizada. [...] Com a cooperação de todas as pessoas, talvez sejamos capazes de criar ordem social digna das mais altas aspirações de nossos tempos. Este é o significado da sociometria revolucionária e dinâmica. (1992: 162)

Idéias utópicas, muitos diriam. Mas o leitor poderá acompanhar, neste texto, como Moreno conferiu autoridade ao sonho. Para ele, o sonho representava o canal direto para as realizações. "No psicodrama, a alma será lançada na busca desse sonho maior, será projetada no tempo e no espaço, para a frente e com alegria, em que a meta se encontra sutil e móvel, sempre móvel. A fantasia é o alvo a ser atingido, pois é o primeiro passo para a realização do desejo", utilizando as palavras de Castello de Almeida (1994: 58).

Sua ousadia no sonhar e realizar, apesar das barreiras encontradas no caminho, vai além dos psicodramas nos jardins de Viena. Em 1916, escreve uma carta à monarquia austro-húngara, propondo o que chamava de "uma reorganização mediante métodos sociométricos", numa comunidade de refugiados. Tratava-se de uma população de 10 mil cidadãos austríacos de ascendência italiana, que fugia, durante a Primeira Guerra Mundial, dos ataques à sua região, no sul do Tirol. Foram removidos pelo govemo austríaco para Mittendorf, próximo a Viena. O govemo preocupou-se com três problemas: segurança contra o inimigo, saneamento e subsistência.

Moreno trabalhou na área de saneamento, desde o início até a extinção desse programa, ao final da guerra, quando os colonos voltaram a seus lares, no Tirol (1915-18). Durante esse período, testemunhou as conseqüências da falta de planejamento social e psicológico. Embora desenvolvessem escolas, clubes sociais, lojas, igrejas, fábricas e até jomal, os habitantes não eram felizes, e nada se fazia. Moreno se preocupou com essa desadaptação das pessoas, estudou os problemas e ousadamente propôs soluções ao govemo. Apostava que se, em vez de uma escolha aleatória, fossem utilizados questionários para que os indivíduos pudessem escolher seus vizinhos, os comportamentos democráticos e participativos seriam mais estimulados.

Nas palavras do próprio Moreno: "Estudei as correntes psicológicas que se desenvolveram, usando critérios variados – nacionalidade, filosofia política, sexo, função comunitária. [...] Foi através desta experiência que a idéia de uma comunidade sociometricamente planejada começou a me ocupar" (1992: 38). O programa de Mittendorf, como tentativa de auxílio a grupos sociais em dificuldade, impressiona pelo valor de sua aplicabilidade em tempos atuais. Problemas raciais e étnicos, refugiados por causa de tragédias ou por guerras advindas de conflitos entre grupos, fazem parte da vida atual.

Ao discorrer sobre métodos de construção e reconstrução de grupos, apresenta o que define como princípio da transplantação sociométrica, que consiste na idéia de o indivíduo ser transplantado de um terreno, que o levou a uma perturbação, para outro, mais adaptado às suas necessidades. Aplica-se quando a psicoterapia de grupo e o *role-playing* não obtêm bons resultados. Determinado indivíduo, aparentemente incorrigível ou desadaptado em uma sociedade, pode, pelo teste sociométrico, ser conscientizado de sua posição indesejável e ter maiores oportunidades de inserção social, se transferido para um outro lugar. Ele faz um paralelo com o trabalho de um jardineiro, que transfere sua planta para um solo onde não estão presentes os elementos nocivos para seu crescimento. Estende sua possibilidade de aplicação a comunidades inteiras. São propostas bem ousadas:

> Quanto mais praticarmos a terapia da destinação nas várias comunidades, mais aumentaremos nosso conhecimento desta técnica. Começaremos, talvez, a compreender que nenhum indivíduo deve ser segregado da comunidade antes de tentarmos encontrar um lugar para ele e que instituições correcionais – no sentido moderno do termo – podem desaparecer quando o planejamento legal e econômico da sociedade for suplementado pelo planejamento sociométrico. (1992: 89)

Em outro momento, afirma: "É natural, portanto, que forças psicológicas parecidas com as que levaram o Estado a criar prisões e instituições correcionais façam com que os seus administradores recorram a medidas iguais, ainda que tenham nomes diferentes" (1992: 65).

A experiência de Mittendorf ou as propostas ao sistema penitenciário, se não resistem a um estudo crítico aprofundado, pelo menos podem desencadear reformulações mais elaboradas, e são aqui citadas por ilustrarem a forma como Moreno se lançava na vida, num engajamento sem limites, às necessárias transformações da realidade, e o comprometimento existencial a sua concepção teórica de homem e da realidade.

Sua concepção de homem, como agente responsável pela própria vida e da espécie, não traz um ser solitário lidando com a própria impotência, mas um homem capacitado e em relação. Os homens agindo, juntos, podem alcançar seus sonhos. Ao transitar entre o sonho, a ação e a relação, Moreno sintetiza: "Será tão grande o poder do homem, o exercício desta energia coletiva superará tudo o que já sonhamos" (1992: 114).

Assim, a história de vida de Moreno, não por acaso, contada e recontada tantas vezes, presença constante nas publicações acerca do Projeto Socionômico, atesta que ele não se mantinha restrito ao mundo das idéias, pautando sua vida na ação e na busca de alternativas práticas a suas reflexões da realidade. Inquieto, da juventude à velhice, não se restringia também a fronteiras, seja no mundo do conhecimento ou nos diferentes campos da ação.

Foi estudante de filosofia, médico praticante, estudioso da espiritualidade, profissional da psicologia social, sociologia e psiquiatria, e sua atuação também surpreende pela diversidade: Departamento de Pediatria do Hospital Mt. Sinai (1928); sessões abertas ao público, com o Grupo de Teatro de Improviso, no Carnegie Hall (1926-31); Escola Pública 181 do Brooklyn (1931); Escola Estadual de Nova York para treinamento de moças (1932-36); seminários e *workshops* em grandes universidades (1945 em diante); hospitais psiquiátricos (desde Viena) e o Sanatório Beacon – teatro, escola, hospital – criado por ele (1936 até sua morte).

Neste desenrolar, vou percebendo a genialidade de Moreno, aplicada não só aos grandes grupos, mas dando os contornos da clínica psicodramática. Os aspectos revolucionários, dinâmicos e a postura combativa de Moreno contra verdades definitivas, sempre presentes, inclusive no trabalho de consultório, representam a grande contribuição ao cenário psicoterápico.

O revolucionário de Moreno se manifesta na psicoterapia, por sua visão holística do homem, acrescentada por uma proposta ampla de intervenção. Utilizando, por exemplo, os recursos do teatro, propicia-se que o cliente, ao experimentar-se como "herói", tenha a oportunidade de perceber vivas, em si, naquele momento, partes suas atropeladas pela vida.

Dramatizar promove a reconstrução do indivíduo, por meio do jogo de papéis e do jogo de cenas, com elementos de sua realidade. A poesia, o teatro, a dança, o desenho, entre outras, são formas de expressão que ampliam as possibilidades de o psicodrama alcançar seus objetivos. Coloca, assim, todas as formas de expressão do homem a serviço dele. Sobre a cena psicodramática, inovação moreniana no campo das psicoterapias, cumpre ressaltar sua importância como ação libertadora em permitir o trânsito do "se" ao "como se", do real ao imaginário, abrindo caminhos na psicogênese do cliente ou funcionando como recurso pedagógico, às vezes necessário na sessão de psicoterapia. Riscos externos e internos podem ser avaliados, o subjetivo, objetivado e reorganizado.

A postura combativa de Moreno contra verdades definitivas e dogmas encontra-se presente na proposta de liberdade, no desempenho do papel de terapeuta. Ao deparar-me com tanta ousadia desse homem, visto como um descompromissado com as idéias vigentes ou com as fronteiras preestabelecidas, mas com tamanho compromisso existencial, coerente com sua concepção de homem, passei a admirá-lo cada vez mais.

No curso de formação, no Instituto Sedes Sapientiae (1980-83), como em outras escolas de psicodrama, paradoxalmente, o tempo para nos determos em Moreno era escasso. As discussões em aula partiam da leitura de textos, cujos autores escreviam sobre Moreno, oferecendo sua compreensão particular de determinado recorte do vasto "Projeto Socionômico", revisando conceitos, organizando-os e agrupando-os em uma seqüência lógica, o que tornava o material mais didático. Ou, então, aqueles que tentavam alçar vôos a partir de Moreno, como J. R. Bermudez e sua "Teoria do núcleo do eu", cujas discussões consumiram seis meses, duas horas por semana. Ou ainda nos detínhamos bastante em outros estudiosos, que propunham questões que tangenciavam as de Moreno (Buber, M.; Fiorini, H.; Bally, G.; Winnicott, D.; Bowlby, J.; Spitz, R.; Watzlawick, P.; Stanislavski, C.).

O curso cumpriu seu objetivo, mas Moreno brilhava menos para mim. Deixei de lado aqueles "rasgos de entusiasmo juvenil". Afinal, até para os profissionais experientes, Moreno era confuso, e havia ido longe demais com a denominada utopia moreniana! O GEM-Daimon representou a oportunidade de um reencontro com as idéias de Moreno e com sua postura diante da vida.

Dificuldades de validação do psicodrama

Refletindo sobre o fato de Moreno despertar em alguns profissionais impressões semelhantes à minha e em outros um impacto tão negativo, pergunto-me sobre que aspectos estariam prejudicando Moreno, no sentido de ser mais validado?

Blatner & Blatner, num detalhado e cuidadoso levantamento dos fatores que comprometeram a aceitação do psicodrama (1996: 45-54), que no seu entender ainda não obteve o reconhecimento popular e profissional merecidos, esclarecem muitos pontos aqui levantados.

Para esses autores, em termos históricos, um Moreno na contramão dos padrões vigentes traz conseqüências até nossos dias: ao modelo do psicanalista neutro – que não apresentasse comportamentos reveladores de si, nada diretivo, numa terapia cujo carimbo era a privacidade – contrapunha-se um novo terapeuta, propondo a psicoterapia de grupo, com um perfil participante e diretivo, criticamente associado ao estilo de dar conselhos, já fora de moda na época. A psicoterapia de grupo era acusada de fomentar catarse excessiva.

Segundo Naffah, o conceito de protagonismo – em que a ação e o discurso de uma pessoa transformam-se em expressão do material inconsciente de desejos do grupo – introduz outro, de difícil absorção na época, o de co-inconsciente, que segundo Gonçalves, Castello de Almeida e Wolff refere-se a "vivências, sentimentos, desejos e até fantasias comuns a duas ou mais pessoas, e que se dão em *estado inconsciente*" (1988: 56). O meio científico, analisa Naffah, mal digeria a idéia de que "a soberania da consciência fosse demolida pela existência de um inconsciente que guardava, intacta, a história e parte da pré-história de cada um". Seus conceitos, mais tarde, serviram de inspiração na compreensão do doente mental, como "emergente" de uma dinâmica familiar, embora Moreno não seja reconhecido como inspirador desse, e de outros conceitos da antipsiquiatria (1990: 19-20). São reflexos do quanto seu vanguardismo não pôde ser digerido e como permaneceu tão marginalizado.

Em termos teóricos, a experiência com detentos, deficientes e psicóticos não parecia oferecer sustentação para o tratamento de neuróticos, atendidos em consultórios particulares, prática preferida pelos profissionais de maior prestígio da época.

Quanto às publicações de Moreno (na sua própria editora), ainda segundo Blatner & Blatner, continham material confuso e redundante às vezes, escrito numa linguagem poética e inspirada, intercalando contribuições técnicas e objetivas, com incursões na política e na religião, em questionamentos inflamados sobre outras abordagens ou sobre outros colegas, o que desencorajava o leitor sério e profissional a lê-lo.

Naffah, em aprofundado estudo sobre os descaminhos do Projeto Socionômico (1979: 119-67), pondera que Moreno, ao buscar a objetividade da ciência experimental, prestou-se a muitas críticas dos intelectuais da época. Era acusado de desconsiderar fatores econômicos, políticos e ideológicos das comunidades onde intervinha, de propor técnicas adaptativas a serviço do sistema. Em Hudson, por exemplo, faltou um elo entre a realidade vivida dentro da comunidade e as forças ideológicas da sociedade americana. Para Naffah, "foi nesta linha de tentar ser os olhos de um corpo que julgava cego, que acabou anulando este corpo e como tal perdeu sua visão" (1979: 146).

Essas dificuldades tornaram-se ainda maiores, considerando que o ensino do psicodrama centralizado em seu criador era também fator negativo, pois o difícil temperamento e estilo pessoal de Moreno conferiam ainda menos credibilidade às suas idéias. Se, por um lado, a postura de Moreno democratiza e nivela leitor-autor com os mesmos poderes de Deus, convidando-o a buscar sua própria criatividade, por outro, é pouco estimulante para o estudo de sua obra. Suas características favorecem dissidências. Muitas escolas, muitos psicodramas. Novos alunos, novas gerações, e o psicodrama se multiplicando. O que essa diversidade prejudica, em termos da sobrevivência da essência das idéias morenianas? Dos mais devotos, àqueles que se utilizam da técnica, aos psicodramatistas mais críticos, existiria uma unidade?

Ao referir-se às críticas que a obra de Moreno recebeu e recebe, de ser intuitiva, em detrimento de uma linha lógica e racional, de privilegiar exageradamente a descrição do "todo", com prejuízo da análise das partes, e de não explicar, causalisticamente, as doenças mentais, Fonseca afirma:

> Se levarmos em conta que a obra de Moreno foi, praticamente, escrita na primeira metade do século XX, em que os paradigmas da ciência vigente apontavam para o lado oposto da metodologia moreniana, ou seja, pregavam o racionalismo, a análise das partes e o rigor da causalidade no estudo dos fenômenos, vamos compreender as dificuldades que teve na implantação de suas idéias. [...] Falta-lhe, entretanto, a linguagem adequada, simplesmente, porque ela não existe, não é a linguagem de seu tempo, é a linguagem do futuro, de um tempo que mal chegou a viver. (1997: 1-3)

Projeções sobre o alcance do projeto de Moreno

Ao contrário das dificuldades levantadas até aqui, Moreno fez projeções otimistas.

Por intermédio de textos, escolhidos por ele, de colaboradores e colegas da época, nos "Prelúdios do Movimento Sociométrico" Moreno nos mostra o que imaginavam a respeito do papel da socionomia, nesse final de século. Ele observa que "o Instituto de Sociometria deva ser o ponto de encontro de todas as ciências das quais participam: psicologia, sociologia, antropologia cultural, biologia, psiquiatria e economia" (1992: 79).

Bain acredita que a sociometria e o psicodrama terão lugar importante na história da sociologia, escrita no ano 2000, porque sendo assim tão útil evita o sabor fictício do que chamamos de "experimentos sociológicos".

Possibilita-nos resolver, de imediato, problemas importantes e urgentes da organização e funcionamento de grupos sociais [...] deixa de ser vaga e escapa de generalidades verbais, que tanto confundem o que chamamos de pesquisa sociológica. [...] Não se obtém nenhuma Lei Periódica, nenhuma generalização newtoniana ou einsteiniana, até que milhares de observações e experimentos sobre sistemas simples proporcionem os fatos científicos brutos, sólidos, primários, que possibilitem estes vôos criativos pelo universo da generalização premonitória – objetivo dourado de toda ciência natural. [...] Dados uns 50 anos, um conjunto de materiais concretos e reais já teria acumulado, possibilitando formulações no campo dos grupos sociais. (1992: 84)

Moreno conta-nos a respeito de um comentário do dr. William A. White, prestigiado psiquiatra do Hospital Saint Elizabeth e autor do prefácio da primeira edição do livro *Quem sobreviverá?*. Em 1932, como mediador de um encontro da Associação Americana de Psiquiatria, na Filadélfia, ele disse: "A princípio você atrairá psicólogos sociais, depois sociólogos, depois antropólogos e depois psicólogos. Muitos anos passarão antes de os médicos prestarem atenção ao que você diz, mas, finalmente, virão os psiquiatras" (1992: 58).

Mead, antropóloga da Universidade de Stanford – com livros como: *Adolescência em Samoa*; *Sexo e temperamento*; *Educação e cultura* e *Macho e fêmea* –, previa que a sociometria e a antropologia, juntas, abririam uma porta para que membros de culturas diferentes pudessem funcionar de forma eficaz, num mundo que precisará de estruturas de cooperação social (1992: 81).

Murphy, influente professor e cientista social, autor de vasta obra, diretor do Departamento do Bem-Estar Social do estado de Nova York e redator do periódico de Moreno *Sociometria, um Periódico de Relações Interpessoais*, afirma: "O psicodrama por um lado, e os procedimentos reeducacionais de terapia de grupo, por outro lado, darão oportunidades às personalidades confusas e com neuroses de guerra de redescobrirem-se no processo democrático" (1992: 81). Reforça também o papel importante da análise e do treinamento da espontaneidade.

Sletto vai além, prevendo que pelas técnicas para análise de liderança a sociometria possa trazer conhecimentos sobre a dinâmica da opinião pública (1992: 82). Lazarsfeld, cientista social da Universidade de Columbia, na mesma linha, imagina contribuições na área das campanhas políticas e no campo de *merchadising* (1992: 82). Chapin, do Comitê Executivo da Sociedade Americana de Sociologia, substituto de Murphy na redação do periódico de Moreno, vê no método objetivo da sociometria a "promessa de vir a ser mecanismo pelo qual um povo livre pode tornar-se consciente dos meios usados para chegar à realização de suas metas" (1992: 82).

Mais recentemente, Bustos conta: "Disse-me (Moreno) certa ocasião que, antes do fim do século, todas as comunidades estariam usando o psicodrama, para fins comunitários. Hoje, isso está acontecendo" (1990: 27).

Conclusão

A partir do conceito de Castello de Almeida sobre o método – "Ele permite a harmoniosa convivência entre poesia e técnica, filosofia e ciência, sonho e teoria" (1994: 56) –, penso sobre minha experiência, relatada no início do texto. Concluo que, para me tornar psicodramatista, deixei de lado o poético em favor da técnica, a filosofia em favor da teoria, e o sonho em busca da ciência.

O psicodrama, cuja singularidade é o trânsito livre na diversidade intrínseca ao Homem, fica assim descaracterizado. Tanto o ser humano como a teoria moreniana se empobrecem, quando vistos de forma parcial e microscópica.

O mérito de Moreno – não reduzindo seu objeto de estudo, acompanhando o homem em todas as suas formas de expressão, da poesia à ciência – poderia nos guiar em reformulações necessárias à sua teoria e à sua técnica, num processo de busca de operacionalidade, para tornar esses e outros novos sonhos possíveis e, quem sabe até, os fenômenos sociais possam encontrar o seu espaço de ser no mundo das ciências. Contribuições pautadas por uma leitura crítica, não compartimentalizada, aliada ao livre compromisso de uma ação responsável, com doses de ousadia e de esperança são, a meu ver, o caminho para construirmos o psicodrama do terceiro milênio. Para Marineau:

Com freqüência, Moreno referiu-se ao ano 2000, proclamando que, embora suas idéias pudessem ser prematuras para o século XX, o século seguinte seria seu [...]. O futuro das concepções morenianas será realçado pela redescoberta de Moreno "como um todo", como um filósofo que fincou sua filosofia na existência concreta de cada ser humano. O grande desafio vindouro, parece-me, é epistemológico: construir e reconstruir sobre as barreiras de Moreno, de uma forma coerente, sistemática e que tudo abarque. (1992: 162)

A reflexão de cada psicodramatista sobre sua trajetória pode denunciar recortes importantes, que foram deixados de lado ao longo da caminhada, as conservas culturais adquiridas com o tempo e, assim, estimular a reação contra as forças que aprisionam o "novo". Este artigo tentou reforçar a persistência e coerência de Moreno, sempre em busca de independência a dogmas e verdades absolutas. Um ser humano existencialmente comprometido. Acreditar no sonho e agir, apesar das dificuldades: este é o grande legado de Moreno. Acredito que os caminhos para que o psicodrama sobreviva com fertilidade, além do que já foi dito, devam ser pautados nesta postura de seu criador. É dele a frase que ilustra sua postura e inspiração: "A técnica foi introduzida para resgatar, tirar da resignação a inércia do indivíduo" (1992: 539). Os alunos de psicodrama podem se beneficiar conhecendo Moreno, por ele mesmo, em suas idas e vindas. Conhecer o psicodrama lendo outros autores empobrece a complexidade moreniana.

O momento atual aponta, a meu ver, para esse caminhar com fertilidade. Muitos se juntam, experimentando o "fazer psicodramático" num interesse de psicodramatista em resgatar com colegas o trabalho fora do consultório. Na cidade de São Paulo, apenas citando o que ocorre mais próximo de mim, despontam grupos de teatro que, com criatividade e ousadia, contribuem para uma aproximação do psicodrama atual, com a postura de Moreno. São eles: Grupo Reprise, Grupo Oficina, Companhia de Teatro Espontâneo, Dramaníacos da PUC, Espaço de Teatro Espontâneo da ABPS, Grupo Extramuros, Núcleo de Pesquisa da Identidade e Grupo Vagas Estrelas. Ao fazer parte do Grupo Vagas Estrelas, coordenado por Camila Gonçalves, vivo e partilho com colegas do grupo uma proximidade maior com o que imagino ser o espírito moreniano: o entusiasmo pela diversidade e amplitude dos efeitos do psicodrama.

Quanto à chamada utopia moreniana, ela abre frentes que são possibilidades a serem questionadas, experimentadas e reinventadas. Estimula novas utopias. Castello de Almeida, a este respeito, afirma: "Não há matéria científica, da física à política, que não necessite do sonho para nascer e florescer" (1994: 58), idéia que se reforça na afirmação de Bachelard: "O conhecimento científico é sempre a reforma de uma ilusão" (1985: V). Naffah, ao questionar o sentido de se criar utopias científicas, cita Milan: "Acusar a utopia de não ser senão a obra de uma 'bela alma', a pontificar sobre o futuro e traçar planos para sociedades inexistentes, é encobrir o que ela denuncia no presente e escamotear sua virulência" (1979: 138).

Moreno deu os primeiros passos, desbravou trilhas. Somos muitos no mundo inteiro que deixamos a auto-estrada por vislumbrarmos saídas, ainda hoje com poucos acessos. Percorrer, reconstruir, pavimentar os caminhos para que muitos possam trafegar por eles. Um sonho que já começamos a realizar.

Referências bibliográficas

AGUIAR, M. *Teatro da anarquia: um resgate do psicodrama.* 1ª ed. Campinas, Papirus, 1988.

_____. *O teatro terapêutico – Escritos psicodramáticos.* 1ª ed. Campinas, Papirus, 1990.

BACHELARD, G. (apud Motta Pessanha). Introdução, p. V. In: Bachelard, G. O *direito de sonhar.* 1ª ed. São Paulo, Difel, 1985.

BLATNER, A. & Blatner, A. *Uma visão global do psicodrama: fundamentos históricos, teóricos e práticos.* 1ª ed. São Paulo, Ágora,1988; 1996.

BUSTOS, D. "Centenário do mestre". In: AGUIAR, M. (coord.). O *psicodramaturgo: J. L. Moreno, 1889-1989.* 1ª ed. São Paulo, Casa do Psicólogo, 1990, pp. 25-8.

CASTELLO de Almeida, W. "O lugar do psicodrama". In: PETRILLI, S. (org.). *Rosa dos ventos da teoria do psicodrama.* 1ª ed. São Paulo, Ágora, 1994, pp. 51-60.

CUKIER, R. *Dicionário de psicodrama.* (no prelo)

FONSECA, J. *Psicodrama da loucura: correlações entre Buber e Moreno.* 1ª ed. São Paulo, Ágora, 1980.

_____."Tendências da psicoterapia para o terceiro milênio: pontos de reflexão". *Temas,* 25(49):7-122, 1995.

_____. "Ainda sobre a matriz de identidade". *Revista Brasileira de Psicodrama,* 4(2):21-34, 1996.

_____. "O psicodrama e os novos paradigmas". Artigo apresentado no 5º Encontro de Professores e Supervisores de Psicodrama. Febrap. Mesaredonda: O ensino do psicodrama no novo milênio, 1997.

GONÇALVES, C. S. "Epistemologia do psicodrama: uma primeira abordagem". In: AGUIAR, M. (coord.). *O psicodramaturgo J. L. Moreno, 1889-1989.* 1ª ed. São Paulo, Casa do Psicólogo, 1990, pp. 91-105.

_____. "A questão da fala no psicodrama: respeitando o óbvio". *Revista Brasileira de Psicodrama,* 2(1):73-9, 1994.

_____. "A questão da fala no psicodrama". In: PETRILLI, S. (org.). *Rosa dos ventos da teoria do psicodrama.* 1ª ed. São Paulo, Ágora, 1994, pp. 77-82.

GONÇALVES, C. S.; WOLFF, J. R.; ALMEIDA, W. C. (orgs.). *Lições de psicodrama.* 1ª ed. São Paulo, Ágora, 1988.

MARINEAU, R. *Jacob Levy Moreno, 1889-1974: pai do psicodrama, da sociometria e da psicoterapia de grupo.* 1ª ed. São Paulo, Ágora, 1989; 1992.

MASSARO, G. *Esboço para uma teoria da cena: propostas de ação para diferentes dinâmicas.* 1ª ed. São Paulo, Ágora, 1996.

MILAN, B .*O jogo do esconderijo – terapia em questão.* São Paulo, Pioneira, 1976.

MORENO, J. L. *Psiquiatria do século XX: funções universais de tempo, espaço, realidade e cosmos.* Apresentado no 2º Congresso Internacional de psicodrama, em Barcelona (1966). 1ª ed. Rio de Janeiro, Cepa, 1970.

_____. *Quem sobreviverá? – Fundamentos da sociometria, psicoterapia de grupo e sociodrama.* Vols. 1, 2 e 3. 1ª ed. Goiânia, Dimensão, 1934; 1992.

NAFFAH Netto, A. *Psicodrama: descolonizando o imaginário.* 1ª ed. São Paulo, Brasiliense, 1979.

_____."Moreno e o seu tempo". In: AGUIAR, M. (coord.). *O psicodramaturgo J. L. Moreno, 1889-1989.* 1ª ed. São Paulo, Casa do Psicólogo, 1990, pp. 13-21.

PERAZZO, S. *Ainda e sempre psicodrama.* 1ª ed. São Paulo, Ágora, 1994.

O *status* científico do psicodrama

Cláudio Hermann Pawel

*O homem tem por natureza
não possuir natureza.*
Merleau-Ponty, M.

Descobrir pedras preciosas e, principalmente, lapidá-las soaria pretensioso demais em relação a este trabalho. Os leitores julgarão por si. Como qualquer médico psiquiatra, fui educado em rígidos parâmetros quanto ao que *é* e o que *não é* ciência.

Ao encaminhar-me para o psicodrama, primeiro como cliente, e, em seguida, como psicoterapeuta, fui me dando conta de certo constrangimento, por vezes um intenso desconforto, que me acompanhou por muito tempo.

Escrever, assim como psicodramatizar, sempre constituiu para mim um meio de renovar as esperanças de algum dia recuperar a tranqüilidade que sentia quando navegava nas águas calmas do saber médico tradicional. Aprendi, pouco a pouco, que este mal-estar não é exclusivo do psicodramatista, é comum a todos os profissionais que atuam no âmbito das ciências humanas. A estreita convivência com colegas de orientação psicanalítica mostrou-me o quanto eles também padecem das mesmas incertezas e, diria até, dos mesmos preconceitos em relação às ciências exatas.

Em vez de continuar perseguindo paraísos, dediquei-me à tarefa de estudar o tema que abordarei aqui: o *status* científico do psicodrama. O estímulo para escrever este texto deve-se tanto à leitura de *Quem sobreviverá?*, ponto de partida dos textos aqui reunidos, quanto às proveitosas discussões no Grupo de Estudos de Moreno (GEM) – Daimon.

Procurarei tratar do tema tendo como referência meus conhecimentos de medicina, em particular a psiquiatria, e de psicodrama, assim como minhas incursões informais pela filosofia e pela história.

* * *

Todos já ouviram falar da Idade Média como a idade das trevas, devendo-se isso ao fato de que o conhecimento durante esse período era subordinado, em grande parte, aos interesses da Igreja. Atribui-se sobretudo a Descartes as bases de uma ciência independente, cujas verdades nada deviam aos dogmas religiosos. Para a ciência moderna, a investigação científica é norteada pelo método. É a metodologia, utilizada na coleta de dados e na sua análise e/ou compreensão, que diferencia o conhecimento vulgar do científico.

Além do obscurantismo atribuído à Igreja, a construção do conhecimento até o final da Idade Média era baseada no empirismo. Dessa forma, os estudiosos restringiam-se a observar e descrever fenômenos que se repetiam com regularidade. Entretanto, a nova ciência é muito mais ambiciosa: almeja prever e modificar o futuro, daí o surgimento dos chamados métodos experimentais, baseados no controle de variáveis, no isolamento de fatores causais e em outras sofisticações metodológicas ou conceituais, isto é, apanágios do discurso científico contemporâneo.

Não queremos deixar a impressão de que a evolução do conhecimento humano se deu de forma supostamente linear; este, na verdade, é fruto de grande quantidade de fatores, que atuaram concomitantemente e convivem até os nossos dias. Contudo, de forma esquemática, podemos apresentar a Igreja medieval como uma instituição que mantinha a produção e a disseminação do conhecimento sob seu controle. Podemos ainda considerar Descartes como símbolo da secularização do saber, e, finalmente, já no século XIX, os filósofos positivistas como aqueles que se insurgiram contra o que eles próprios consideravam resquícios de uma ideologia teológica no pensamento cartesiano: a metafísica (entenda-se, a filosofia).

A doença mental, de fato, passa a ser objeto de preocupação da medicina a partir do século XVIII. Costuma-se designar a psiquiatria, no seu início, de pré-científica. Caracterizava-se por observações rigorosas dos alienados, descrições minuciosas de seus comportamentos e uma séria tentativa de classificação das doenças psíquicas, em coerência com a tradição empirista.

A loucura foi, durante séculos, objeto de cuidados de autoridades religiosas, mas, com a ruptura comumente atribuída a Galileu, Copérnico e outros cientistas do início da Renascença, passa a ser considerada doença, e não mais possessão demoníaca. A origem das patologias psiquiátricas é explicada pela Teoria Moral, cujo expoente teórico foi Esquirol, a qual consiste, basicamente, em considerar o doente mental um indivíduo sem força de vontade suficiente para exercer controle sobre suas paixões. A causa dessa debilidade era atribuída a uma educação moral inconsistente.

Ao mesmo tempo que a psiquiatria se forjava como tal, a burguesia lutava para se firmar como classe social dominante, empreendendo esforços consideráveis no sentido de reprimir o ócio, a indolência e a mendicância, visto que estas se chocavam frontalmente com a idéia de uma sociedade produtiva.

Outro importante aspecto histórico a ser considerado é a alegada faceta humanística da burguesia. Com o intuito de reunir força política suficiente para ocupar uma posição sólida, assim como para legitimar-se como classe dominante, a burguesia arvorou-se em defensora dos direitos humanos. Dessa forma, angariou a simpatia das massas populares, por um lado, e, por outro, ligou-se à aristocracia que empobrecia e se tornava mais e mais gananciosa.

Em afinidade com esses princípios humanísticos, os burgueses pressionaram os monárquicos a instituir mecanismos de repressão aos vadios e desordeiros, sem contudo deixar de estimular a medicina a construir critérios seguros para identificar o doente mental e discriminá-lo entre a massa de desocupados que perambulavam pelas cidades.

Além da preocupação diagnóstica, a recém-criada psiquiatria desenvolveu, como já dissemos, as primeiras ações terapêuticas consideradas científicas, no campo da saúde mental. Os cuidados dispensados aos doentes psiquiátricos consistiam em medidas que buscavam a reabilitação moral dos enfermos. A finalidade dessas intervenções, conhecidas como "tratamento moral", visavam, em última instância, à ressocialização do paciente, porém foi abandonada em virtude de sua baixa eficácia.

Cabem aqui alguns esclarecimentos. René Descartes lançou as bases da ciência moderna; foi um dos grandes responsáveis pela ruptura com séculos e séculos de superstições infundadas e sujeição do domínio ideológico da Igreja. Contudo, hoje em dia, o cartesianismo é usado, sem hesitação, como sinônimo de racionalismo ou mecanicismo, querendo-se dizer com isso que o seu adepto é simplista ou superficial em suas análises.

Não pretendo reabilitar o cartesianismo, mas chamar a atenção para o fato de que essa forma leviana de se referir à filosofia de Descartes tem como função desacreditar os esforços de filósofos e cientistas empenhados em construir uma epistemologia compatível com o avanço atual, em todas as áreas do conhecimento humano.

Situação semelhante ocorre com o positivismo. A doutrina positivista surgiu diante da insatisfação de pensadores e cientistas com os descaminhos que a atividade intelectual resvalou. O enorme negativismo em relação às autoridades eclesiásticas e às idéias políticas de inspiração monárquica desembocou, segundo os ideólogos do positivismo, no mais completo caos. Inspirados no modelo das ciências naturais e buscando, acima de tudo, um conhecimento protegido de interferências ideológicas, os filósofos positivistas fundaram a sociologia com o objetivo de reverter o quadro de desorganização e anomia social. Posteriormente, estenderam suas preocupações intelectuais para as demais áreas das ciências humanas, como a própria psicologia.

Nesse meio tempo, a psiquiatria ganha definitivamente o *status* de ciência, quando consegue estabelecer relações inequívocas entre alterações anatomopatológicas e distúrbios psíquicos. A descoberta da sífilis terciária (neurológica) e das lesões neuronais decorrentes do alcoolismo deu aos pesquisadores da mente a convicção de que os distúrbios psíquicos derivam de alterações físicas. A psiquiatria então se firma, considerando a "alma" um "órgão", como o fígado, o baço ou o pâncreas. A sede da psique é o cérebro. Rompe-se definitivamente com a mentalidade religiosa ou metafísica, no tocante às doenças mentais.

Proponho conceder ao positivismo o mesmo raciocínio aplicado ao cartesianismo. Seus críticos, muitas vezes de maneira afoita, tendem a rejeitar este pensamento sem nem sequer entrar no mérito. Se abandonassem essa postura intransigente, talvez encontrassem proposições ainda válidas. Uma postura flexível permitirá a construção de um método adequado ao estudo do homem, que inclua a subjetividade sem incorrer no subjetivismo, primo-irmão do obscurantismo, o que tornaria o conhecimento presa fácil de interesses políticos, em geral contrários aos anseios da comunidade científica.

O positivismo, ao que parece, forneceu elementos para a afirmação e a consolidação dos ideais da burguesia ascendente. Ou seja, muitos intelectuais republicanos aproveitaram algumas teses positivistas para investir contra o absolutismo monárquico, no momento em que os burgueses alcançaram o poder (pouco importando se o regime político fosse republicano ou monarquista); parte desses pensadores se autoproclamou positivista, inclusive alguns se tornaram ideólogos da nova sociedade, restando aos demais o papel de opositores do regime recém-instituído.

Mesmo tendo permitido que certos setores da burguesia, servindo-se dele, legitimassem seu poder, o ideário positivista foi responsável também, pela primeira vez na história do pensamento, por uma discussão criteriosa das regras de produção de conhecimento no âmbito das ciências humanas. Portanto, graças ao pioneirismo de Augusto Comte e colaboradores, que buscavam uma ciência independente de ingerências ideológicas, obtivemos um patrimônio cultural que nos permitiu avançar em termos científicos e sociais.

São várias as versões sobre o que vem a ser essencial no positivismo. Destaco a que considera como fundamental, nessa corrente de pensamento, a idéia de que o Universo é regido por leis fixas, imutáveis, inteligíveis, que regem inclusive os fenômenos psicossociais.

Essa concepção sobre o positivismo coincide com a do próprio Moreno (1951):

Estas [leis] se apóiam no dogma da natureza uniforme ou, nas próprias palavras de Mill's, "as coisas na natureza quando acontecem uma vez, irão, em caso de um elevado grau de semelhança das circunstâncias, acontecer novamente". A uniformidade da natureza, ele diz, é a premissa maior para todas as induções.

Contudo, ao considerar a mente um objeto de estudo da mesma ordem que os fenômenos naturais, a humanidade ficou limitada na sua compreensão de considerável número de fenômenos.

Freud, revelando ao mundo suas descobertas a propósito do inconsciente, *locus* de desejos irracionais e conflitantes entre si, foi decisivo ao assinalar que os fenômenos psíquicos não são da mesma categoria que dos físicos. Até então, o psicológico e o social eram regidos por leis demonstráveis por métodos derivados das ciências exatas. Uma das principais características desses métodos era a preocupação em quantificar os dados.

Quando Freud questiona a autenticidade desse princípio, o faz usando de metodologia também considerada científica na época: observações clínicas descritas minuciosamente, cuidados redobrados para que o objeto de investigação não se alterasse diante da presença do investigador e a exposição de suas descobertas para que outros cientistas a confirmassem.

Valendo-se dos requisitos considerados cientificamente corretos, o criador da psicanálise conseguiu demonstrar de forma cabal que o ser humano é, em grande parte, irracional. E que a alma não pode ser comparada a nenhum outro ente físico, de comportamento previsível. A falta de lógica que rege parte da vida humana nos coloca num patamar diferenciado de entendimento: cumpre observá-la (a vida) e compreendê-la segundo teorias que abranjam a complexidade e as ambigüidades humanas.

A leitura de *Quem sobreviverá?*, que me inspirou estas linhas, permitiu-me perceber a estreita filiação de Moreno (sociometrista) à escola positivista, fato que, assim como aconteceu a Freud, permitiu, como parece, ampla aceitação de seu trabalho nos meios acadêmicos americanos. Construiu um excelente método de análise métrica de grupos, bastante inovador para a época, o teste sociométrico por meio do qual pôde comprovar a existência de uma estrutura grupal.

A sociometria visa recolocar o indivíduo num meio sociocultural condizente com sua possibilidade de auto-realização. A meu ver, é esta a concepção predominante em *Quem sobreviverá?* e assemelha-se à de Durkheim, pai da sociologia científica.

Em artigo publicado na revista *Sociometry* (1951), Moreno retoma a discussão epistemológica, afirmando que seu método é revolucionário. Nega qualquer parentesco com a ciência tradicional, porque esta não possui uma compreensão profunda do devir histórico, inerente ao processo grupal. Nesse mesmo artigo, Moreno elogia aquele por este ter compreendido a dimensão histórica, presente no estudo dos grupos humanos, mas se considera ainda mais inovador que Marx, por ter sido o primeiro a entender a importância das pequenas redes sociais na manutenção ou na mudança da sociedade como um todo.

Alguns colegas defendem a tese de que Moreno foi precursor dos fundamentos de um novo modelo de ciência. Acredito que ele foi inovador em inúmeros aspectos, como a comunidade terapêutica, e as terapias de casal e de família, para citar dois exemplos. Contudo, não acontece o mesmo no tocante às contribuições de Moreno no campo da epistemologia, em que várias outras teorias se desdobram para estabelecer as bases das ciências humanas com características próprias.

Ao considerar o investigador como parte do campo de pesquisa, valorizando o aqui-e-agora, Moreno não deixa de preservá-lo no que lhe confere objetividade (e cientificidade): expressar as leis que movimentam a sociedade com o mesmo rigor, clareza e pretensão à universalidade com que geômetras e matemáticos as aplicam em suas respectivas áreas.

Não questiono o fato de que as leis sociogenéticas, o teste sociométrico, a mensuração da nitidez com que as pessoas se apercebem a si mesmas e aos outros, quando expostas a uma situação grupal, e, sobretudo, a evidenciação gráfica da estrutura de um grupo, fizeram de Moreno um cientista social e pesquisador emérito. No entanto, não se pode deixar de assinalar que, por meio dos sociogramas, Moreno pretendia conferir ao psicodrama (*sensu latu*) o *status* de ciência nos moldes tradicionais, com sua conseqüente respeitabilidade.

Atualmente, fala-se muito em "novos paradigmas". Considero que uma teoria científica é pautada por um novo paradigma quando explica fenômenos como a cura produzida pela homeopatia ou pela acupuntura, para dar exemplos na área da saúde. Nesta perspectiva, parece exagerado defender a tese de que Moreno concebeu uma teoria paradigmática revolucionária.

O que julgo peculiar em Moreno, e que será abordado também neste livro, é sua insistência no misticismo. Ele não tem pudor em afirmar ser imprescindível vincular religião e ciência, sem o que não conseguiremos transformar efetivamente o homem. Nos "Prelúdios" (Moreno, 1992), escreve:

> Acelerar uma aproximação entre a religião e a psiquiatria, por volta de 1918, era idéia extravagante e contra ela estavam teólogos e cientistas. Fui profeta solitário, formulando minha posição muito antes de Jung, Jaspers e outros, mas há muitos que hoje me seguem. [...] Ao olhar para a psiquiatria secular de 1950, com perspectiva privilegiada, podemos predizer sua evolução, [...]. Esta evolução percorrerá caminhos para os quais há paralelos nas histórias das culturas anteriores [...]. No desenvolvimento da psiquiatria de nossos dias, Anton Mesmer, menos intelectual, porém mais eficaz, pode conseguir melhor colocação do que os curadores mais profundamente intelectuais. Mahatma Gandhi pode até figurar entre os médicos e, em retrospecto, Freud pode perder muito da reputação que tem e que foi construída, primariamente, por sua sagacidade metódica, e não por sua habilidade como terapeuta.

Confesso minha relutância em aceitar uma postura religiosa e minha insatisfação diante da importância que a religiosidade possui na obra moreniana. Tenho dificuldade em admitir que conceitos básicos como espontaneidade ou criatividade estejam alicerçados numa concepção mística do Universo.

Moreno, evidentemente, não pode ser incluído entre os cientistas chamados de positivistas ou neopositivistas; sua teoria do "momento" e sua valorização da experiência em detrimento das deduções teóricas, puramente racionais, o aproximam dos cientistas modernos que valorizam métodos indutivos. No entanto, sua tentativa de estabelecer leis gerais, conceitos imutáveis, sistemas explicatórios unívocos, fez dele um pensador híbrido, fortemente influenciado pela ciência convencional de tradição positivista.

Os ideólogos da concepção paradigmática das ciências, em especial Thomas Khun, afirmam (resumidamente) não existir ciência destituída de história; o objeto de conhecimento do cientista, bem como os procedimentos de investigação e validação desse conhecimento, são fruto do consenso entre cientistas de determinado momento histórico.

Mesmo correndo o risco de infidelidade a Moreno, não posso concordar com a tese de que o casamento entre ciência e fé corresponda a um novo paradigma, ou que este é o caminho para a superação dos obstáculos que a ciência e seus métodos encontram diante da aventura da descoberta de novos conhecimentos. Para tanto, cito Hilton Japiassu (1995: 19):

> O século XVII teve a sabedoria de proclamar que a razão é um instrumento necessário para o tratamento e a resolução dos negócios humanos. O século XVIII, dominado pelo Iluminismo, e o XIX, por ele fortemente influenciado, cometeu a loucura de pensar que a razão não somente é necessária, mas suficiente para resolver todos os problemas humanos. Nos dias de hoje, talvez estejamos cometendo uma loucura ainda maior: pelo fato de não mais aceitarmos que a razão seja suficiente, corremos o risco de pensar que ela se tornou desnecessária.

* * *

Como conclusão, apresento algumas reflexões que fundamentam o meu trabalho psicossocioterápico, a meu ver, de inspiração profundamente moreniana. Portanto, a objetivação no campo da psicologia e, por extensão, no campo das humanidades, é uma questão complexa. Moreno parece apoiar-se em um empirismo discutível segundo o qual o que se vê no palco é real e objetivo, por ser compartilhado por diversas pessoas. Não se pode partir da premissa de que o que se percebe coincide com o que é. A exteriorização, no palco, de sentimentos e pensamentos, por si só não torna o que vemos algo "protegido" da interferência da subjetividade.

A objetivação deve ser encarada como processo e consiste na observação cautelosa, registros minuciosos e na interpretação desses dados segundo uma teoria, desde que esta seja explícita. Seria impossível, segundo Popper, discutir qualquer observação sem partir de premissas. Cumpre, portanto, explicitá-las.

Se a ciência de base positivista alinha-se na tradição aristotélica (na qual se busca ordenar a realidade, classificando-a, e portanto segmentando o que é impossível cindir, abstraindo e generalizando o que é concreto e particular), temos de buscar o método que condiga com a especificidade do humano.

A fenomenologia existencial pode servir de guia para as nossas inquietações. Como muitos sabem, nosso colega Wilson Castelo de Almeida foi um dos principais responsáveis, entre nós, por assinalar a estreita relação entre o psicodrama moreniano, a filosofia husserliana e o existencialismo.

A filosofia de Husserl e colaboradores é bastante complexa. Deter-me-ei na questão que estamos examinando: a objetivação (entenda-se a cientificidade) dos fenômenos psicossociais. A ciência tradicional visava a objetivar os fenômenos humanos de acordo com os pressupostos positivistas apresentados anteriormente; o fenomenólogo, ao contrário, trata de desvelar a essência da experiência humana, buscando nesta o que ela tem de exclusiva e original.

Almeida, em seu livro *Psicoterapia aberta*, afirmou que a extrema subjetivação conduz à extrema objetivação, na perspectiva fenomenológica. A análise do fenômeno é realizada pelo fenomenologista com o máximo rigor, todas as facetas possíveis da realidade são examinadas cautelosamente de forma a encontrar a sua singularidade. A realidade, sobretudo a psíquica, é irredutível a generalizações.

O existencialismo, em particular o sartriano, nega o determinismo simplista do positivismo, ao afirmar que a essência do ser humano reside na liberdade de escolher e planejar o futuro; questiona inclusive certas simplificações da psicanálise, em que a explicação para certas angústias, vivenciadas no presente, encontra-se no passado. Sartre inverte essa proposição, considerando que só é possível compreender o ser humano e suas vicissitudes presentes se se compreender a quais projetos existenciais o indivíduo encontra-se atrelado. Para ele, é o futuro que explica o presente, e não o passado. Em relação às pessoas que visivelmente repetem padrões antigos, o filósofo francês diria que é justamente este o projeto de futuro dessas pessoas. Escolheram repetir. Cabe a nós compreendermos nossas dificuldades presentes, à luz de nossas expectativas. Sartre vai mais longe, considerando má-fé atribuir ao inconsciente nossas atribulações; chama de irresponsável aquele que atribui a terceiros seus próprios insucessos e qualifica de descompromissado aquele que incumbe o destino de escolher seu próprio futuro. Como podemos perceber, o existencialista, em certo sentido, é "causalista" com vetores trocados.

Concluindo, entendo o psicodrama como um método em acordo com os padrões atuais de cientificidade, método este voltado para o desvelar da essência humana no que ela tem de mais autêntico e singular, mediante uma análise rigorosa, empregando, para tanto, um raciocínio criativo, mas sobretudo lógico.

Entenda-se, ainda, que essa singularidade ou identidade é historicamente determinada, estando, portanto, em constante devir. Entretanto, é um devir determinado pela perspectiva de futuro, pela condição de absoluta liberdade à qual o homem foi condenado, e não pelas injunções do passado.

Referências bibliográficas

ALMEIDA, W. C. *Psicoterapia aberta*. São Paulo, Ágora, 1982.

AQUIAR, Moysés (coord.). *O psicodramaturgo J. L. Moreno, 1889-1989*. São Paulo, Casa do Psicólogo, 1990.

CEOPOLOS E SILVA, Franklin. *Descartes – A metafísica da modernidade*. 4ª ed. São Paulo, Moderna, 1996.

DARTIGUES, A. *O que é fenomenologia?* Rio de Janeiro, Eldorado, 1973.

JAPIASSU, H. *Introdução à epistemologia da psicologia*. São Paulo, Letras e Letras, 1995.

MORENO, J. L. *Fundamentos de la sociometria*. Buenos Aires, 1972.

_____. *Sociometry, experimental method and the science of society*. Nova York, Beacon House, 1951.

_____. *Quem sobreviverá?* – *Fundamentos da sociometria, psicoterapia de grupo e sociodrama*. Trad. Denise Lopes Rodrigues e Márcia Amaral Kafuri. Goiás, Dimensão, 1992.

PENHA, J. *O que é existencialismo?* São Paulo, Brasiliense, 1982.

O psicodrama e a busca da verdade

Milene De Stefano Féo

Tolerar incertezas, mistérios e dúvidas não é a tendência dominante do ser humano. Pensadores, cientistas e religiosos constroem doutrinas buscando desvendar os mistérios da vida – na doce ilusão de que qualquer uma delas alcance a compreensão absoluta de todas as coisas. É inegável que a humanidade avança quando consegue absorver novas doutrinas, entrando ao mesmo tempo em contato com a fragilidade do pensamento aí contido. Penso que um fator decisivo, que move o conhecimento e transforma realidades insatisfatórias, é o exercício da dúvida. O ceticismo é o grande motor da transformação. É certo que em muitos de nós pulsa o anseio pela maturidade, que implica suportar o convívio com as incertezas, próprias da vida. Porém, convivemos também com tendências opostas, que nos induzem a transformar doutrinas em dogmas e qualquer elemento que torne instáveis as nossas certezas tende a ser banido do nosso campo da consciência.

Desse ponto de vista, os seguidores de uma doutrina, qualquer que seja, guardam em si (não só, mas também) a necessidade de encontrar um líder equilibrado, coerente, sem ambivalências, com ar de quem já tenha alcançado a sabedoria plena. Isso lhes garantiria a convicção de que esse saber é pelo menos possível. Caso não consigam adquiri-lo até o final de suas vidas, no mínimo se sentirão protegidos pelo saber desse líder idealizado.

Pobres de nós, psicodramatistas, se estivermos em busca dessa imagem em Jacob Levy Moreno. Teríamos de manter um alto grau de inconsciência para continuar vendo-o como uma divindade. Toda a sua obra leva a marca de um homem passional e irreverente; seus textos se caracterizam por um jorro criativo de relatos de experiências ousadas, porém mal sistematizadas; constituem um desafio à nossa maturidade, exigindo de nós a humildade necessária para reconhecer que estamos diante de um homem notavelmente criativo, mas também a serenidade para que possamos enfrentar os espaços vazios de sua obra, que carecem de sistematização objetiva.

É preciso que esfriemos um pouco o "caldeirão" que borbulha apaixonadamente – a obra moreniana –, pois só assim identificaremos as "pérolas" que lá se encontram e poderemos fazer as articulações possíveis entre elas e nossa prática cotidiana. Deixar-nos tocar pelos fluxos multidirecionados que emergem dos relatos das experiências de Jacob Levy, acolhê-los dentro de nós, processá-los junto com a comunidade psicodramática e recriá-los dia a dia: esta parece ser a tarefa que nos cabe. Para cumpri-la, Moreno nos presenteia com uma personalidade muitas vezes inflamada, revelada sem pruridos, convidando-nos a não mantê-lo no Olimpo. Suas características pessoais refletem-se em sua obra, e esta carrega sua ambigüidade.

Moreno escreve obras anonimamente, é displicente na divulgação da autoria de suas idéias; mais adiante, porém, briga publicamente pela paternidade dessas mesmas idéias; combate a psicanálise, mas utiliza-se dos termos dessa corrente para definir conceitos centrais do psicodrama; seu trabalho ora parece ser a expressão máxima do positivismo, ora da fenomenologia existencial. Seu texto "Prelúdios do movimento psicodramático", em *Quem sobreviverá?*, (1992a) consegue expressar essas características à exaustão, dificultando que o coloquemos no lugar de Deus, e a nós, psicodramatistas, no de seus cegos seguidores. Diante dessa evidência, seríamos tentados a buscar outro pensador que figurasse como depositário de nossas idealizações, ou a forçar uma leitura da obra moreniana, recortando inconscientemente apenas os aspectos coerentes com nossas crenças pessoais, passando a defender com fervor quase religioso que o Moreno que captamos é o verdadeiro Moreno.

Esses dois caminhos parecem ser um forte convite ao desfrute daquela parte de nós que não consegue conviver com a dúvida e o mistério. Penso que uma leitura construtiva da obra de Moreno aponta para o mergulho no caos a que ele nos remete, a fim de entrar em contato com os conflitos que ressoam nos nossos, tornando-os conscientes, promovendo crise mas também criação. Teremos muito a ganhar se desistirmos de procurar coerência em Moreno, se nos entregarmos às diversas ondas de suas criações e de sua personalidade, experimentando sua ambivalência, desde que, com isso, estejamos buscando algumas sínteses provisórias a propósito daquilo em que acreditamos. Nesse caminho, falaremos do nosso psicodrama e deixaremos em paz Moreno, que já não pode mais responder sobre sua obra. Partindo daí, gostaria de convidar o leitor a conhecer algumas tentativas de mergulho que fiz ao ler os já mencionados "Prelúdios do movimento psicodramático".

Moreno inicia esse texto registrando que seu trabalho ganhou credibilidade científica a partir de 1933, quando a sociedade médica do estado de Nova York divulgou gráficos sociométricos, durante uma convenção no Hotel Waldorf Astoria. Dessa data em diante, a sociometria passa a ser discutida em grandes jornais como o *New York Times*. Em conseqüência, a socionomia e seus desdobramentos (a dinâmica de grupo, a pesquisa de interação, o *role-playing*, o psicodrama e o sociodrama) ganham reconhecimento e respeitabilidade.

O fundador da socionomia lamenta aí o fato de terem sido as técnicas de sua criação que tornaram famosa a sociometria, não tendo ocorrido na comunidade científica igual interesse pela filosofia de vida implícita em tais técnicas, passando estas a ser empregadas para fins com os quais ele não comungava. Escrever sobre os primórdios do movimento sociométrico vem a ser, então, para Moreno, uma tentativa de reintegrar sua concepção de homem e de mundo à sua obra. Para isso, ele retoma as idéias do livro *As palavras do pai*, marco de sua fase religiosa, buscando defender a hipótese de integrar ciência e religião, propondo a sociometria como a grande via para essa integração. Ao ler o trecho em que o autor discorre sobre essas idéias, muitos tendem ao descrédito. Ocorre, porém, que se ultrapassarmos essa primeira resistência, optando por uma compreensão metafórica de sua proposta, surgirão elementos interessantes para nossa reflexão.

A idéia básica defendida por Moreno (1992b: 164-5) é que Deus não se particulariza em um lugar ou em alguém, mas simplesmente *existe*, como que disseminado, em toda a humanidade. Cada indivíduo sozinho defronta-se com suas limitações. É na inter-relação entre os homens que se encontra a sabedoria divina. Moreno parece defender que o reconhecimento, pelo indivíduo, das suas próprias limitações é o ápice do desenvolvimento humano. Ocorre que atingir a maturidade relacional implica a privação de buscas egoístas de prestígio. A co-criação tem por paternidade a coletividade. Aquele que, no percurso de seu desenvolvimento, não consegue aceitar a co-autoria como o caminho para a aproximação da verdade, perece em sua condição divina. A superação da vaidade é o grande foco de intervenção do projeto socionômico moreniano.

Numa linha que o aproxima de Augusto Comte, Moreno relaciona cada estágio de desenvolvimento da humanidade à idéia que esta constrói de Deus. Quando não conseguiam entender fenômenos importantes de seu dia-a-dia – como a reprodução, a morte, a origem dos alimentos e as diversas expressões das forças da natureza –, os indivíduos tendiam a explicá-los pelo conceito de um Deus-todo-poderoso, "situado fora da esfera da influência do homem" (Moreno, 1992b: 167). À medida que a humanidade avança no conhecimento e domínio da natureza, o conceito de Deus começa a se modificar e o homem passa a ocupar, diante do Universo, uma posição antes ocupada por Deus. O poder divino começa a ser encontrado dentro de cada homem, não se referindo Moreno, aqui, ao homem isolado, mas ao homem em relação, o homem que busca ações co-criativas. Sugiro que examinemos um pouco mais detalhadamente a passagem do conceito de Deus da pré-história aos dias de hoje, destacando nesse caminho o surgimento da filosofia e da ciência.

Os primitivos acreditavam em uma ordem cósmica, determinada por deuses, ordem essa desconhecida dos simples mortais; acreditavam numa sabedoria divina que conferia ordem e lógica a todas as coisas. Mediante rituais, rezas e comportamentos de obediência, buscavam se esquivar dos maus momentos, e se isso não acontecia era porque não tinham conseguido agir conforme a expectativa divina. Um passo adiante e a humanidade prossegue em seu desenvolvimento: a razão passa a desempenhar a função antes exercida pelos deuses e o homem começa a crer que nem tudo está em ordem, mas estará, quando ele puder entender a verdade de todas as coisas. O caminho para o alcance dessa meta passa a ser o exercício da filosofia. Mas, aos poucos, as doutrinas filosóficas vão dando lugar à ciência, que prega a divisão em áreas de saber específicas. A busca do conhecimento deixa de ser considerada possível quando perseguida como um todo; a "ilusão" de apreender o conhecimento conjunto de todas as coisas, conhecimento generalista, é "superada" pelo conhecimento especializado. A ciência, com suas especialidades, acaba perdendo a visão do todo.

Essas formas de conviver com o desconhecido têm em comum a crença em um conhecimento estático, segundo o qual a verdade estaria "ali" e nós é que ainda não conseguimos montar todo o "quebra-cabeça". Abrir mão de encontrar a verdade última de todas as coisas, aceitando conviver com verdades parciais e temporárias, nos conduz a outro referencial, o de buscar o conhecimento dinâmico. Esta forma de busca implica desistir de montar um todo coerente, que abranja todas as coisas, levando-nos a nos contentarmos com "partes" temporárias de um quebra-cabeças fadado a não se encaixar nunca.

Na poesia, temos um Fernando Pessoa, que tenta, por meio de diferentes heterônimos, lançar diferentes olhares aos acontecimentos do homem e do Universo – os diferentes "personagens", criados pelo poeta, que assinam a sua obra. Todos têm sua personalidade e estilo próprios e, em conseqüência, produzem poesias coerentes com suas distintas formas de ser. O poeta consegue, assim, expressar a impossibilidade de se captar a realidade "nua e crua", que só pode ser contemplada a partir do ângulo pessoal daquele que observa. Mesmo certo disso, parece identificar o enriquecimento pessoal daquele que se esforça no encalço da multiplicidade de formas que o mundo assume aos olhos de diferentes indivíduos. Cada heterônimo de Fernando Pessoa é um poeta que vê o mundo de maneira singular. Um deles, Alberto Caeiro, afirma: "A natureza é partes sem um todo", sugerindo que nos contentemos com as verdades parciais e temporárias; estas, embora nos enriqueçam existencialmente, não favorecem o descobrimento de uma lógica inerente a todas as coisas.

Penso que o instrumento psicodramático é uma "máquina" que potencializa a capacidade humana de criar diferentes personagens, para que possamos contemplar o mundo de diversos ângulos. Ocorre, porém, que o caráter revolucionário desse instrumento pode se perder, caso sejamos "picados" pela ilusão de encontrar o sentido último de todas as coisas. Se agirmos assim, estaremos utilizando um instrumento que favorece a emergência de verdades parciais e mutantes, passíveis de múltiplas combinações e reconstruções, visando a "maquiá-las" de um sentido último e coerente.

Podemos, por exemplo, dirigir nossos psicodramas e sociodramas buscando alcançar a síntese das verdades parciais que emergiram dos participantes de um trabalho e sugerir a eles que nosso instrumento lhes ofertou o entendimento de seus conflitos e o caminho para solucioná-los. Mitificando o resultado de nossa técnica, permitiremos que homens comuns creiam nas conservas culturais produzidas no palco psicodramático, "libertando-os" temporariamente da angústia de conviver com as incertezas, resultantes de nossa condição perene. Ofereceremos, dessa forma, certo equilíbrio e alguma paz aos nossos clientes, pelos quais eles pagam o preço de se manter infantilizados, distantes das dúvidas e dos mistérios inerentes à vida. Mas se, ao contrário, mantivermos nosso ceticismo diante das "verdades" que emergem de uma vivência psicodramática, valorizando o processo co-criativo de busca de novos sentidos e experiências e ofertando a continência que possibilite ao participante suportar a instabilidade, estaremos oferecendo aos nossos protagonistas a possibilidade de poderem introjetar um modo de se relacionar com as realidades de seu mundo interno e externo de forma maleável e espontânea. Nunca é demais lembrar que na ânsia de buscar uma utópica verdade absoluta, sempre escondida, toda cautela é pouca. Talvez seja o caso de adotarmos um pouco do ceticismo do mesmo poeta já mencionado: "O único sentido íntimo das coisas é elas não terem sentido íntimo nenhum".

Quando leio Moreno, pergunto-me o quanto desse ceticismo sua obra carrega. Em sua fase religiosa, teria ele cultuado a crença na possibilidade da onisciência, acreditando ser a socionomia o caminho científico para a realização desse sonho? Se Fernando Pessoa nos convida a desistir de montar o quebra-cabeças que é a natureza, Moreno terá acreditado que em cada indivíduo reside uma verdade parcial, da qual, se contemplada em seu conjunto, emergirá a verdade de todas as coisas? Ao afirmar que a subdivisão das ciências em geometria, biometria, sociometria etc. é transitória, sendo a consolidação de todas as ciências a teometria, Moreno (1992b: 171) terá acreditado que a soma das verdades alcançadas pelas ciências específicas resultaria no alcance da verdade última? Ou terá ele defendido que o confronto, a convivência e a troca entre diferentes correntes de pensamento simplesmente ampliariam a possibilidade do conhecimento dos fenômenos do Universo, sempre em movimento?

Em sua obra identificamos com facilidade ser ele um grande oponente à cultuação das conservas culturais, muito comum entre os homens. Acredito que ele e Fernando Pessoa beberam da mesma fonte. No prólogo de *Quem sobreviverá?*, Moreno expressa o seu desejo de resgatar a filosofia que percorre toda a sua obra, movido pelo temor de que suas contribuições técnicas e científicas sejam utilizadas como despregadas da ideologia que lhes deu origem. Entendo que a filosofia que ele busca reinserir em sua obra está ligada à teoria do conhecimento dinâmico e, portanto, opõe-se a fanatismos e dogmas, mesmo que revestidos de *status* científico.

Refletir sobre esse texto nos conduz a repensar a importância da ação política e das estratégias adequadas à divulgação do psicodrama de cada um, que certamente carrega também uma filosofia e uma ideologia, esteja ela hoje próxima ou distante daquela proposta por Moreno. Seu texto nos convida, como psicodramatistas, a buscar a clareza de nossas metas e a agir comprometidos não só com um primoroso exercício técnico, mas também com os valores subjacentes ao uso dessas técnicas. Sua proposta é que sejamos cientistas empenhados em nossos princípios éticos e que tenhamos garra para divulgá-los de maneira eficaz, ampliando cada vez mais seu poder de interferir positivamente na sociedade em que estamos inseridos. Moreno contribui nessa direção, relatando seus próprios erros e acertos, na tarefa de divulgar sua concepção de psicodrama, percorrendo caminhos que por vezes dificultam que a filosofia pregada se realize. Seu temperamento tempestuoso muitas vezes não favorece que o escutem, assim como ele parece ter dificuldade em se deixar tocar pelas convicções de outras correntes de pensamento.

Poderíamos pensar que, ao denunciar publicamente personalidades de destaque na comunidade científica, que lhe teriam roubado parte da obra, e ao desafiar pessoas e sistemas que, no seu modo de ver, representam ideologias opostas às suas, Moreno estaria procedendo estrategicamente, para chamar a atenção sobre si, ganhando espaço na mídia. Ele chega a chamar de "complexo de paternidade" a luta de um autor de obra científica, artística ou religiosa, que anseie por ser identificado e reconhecido como o seu criador, o pai da criação. É evidente sua contrariedade diante daqueles que, segundo ele, lhe roubaram as idéias. Considera que estes, em parte, lhe prestaram um favor, pois divulgaram muitas das suas técnicas e conceitos, com a perseverança e a força do autor. Porém, muitas vezes as desvirtuaram, comprometendo as metas do verdadeiro criador.

Slavson e Kurt Lewin são alguns dos acusados por Moreno de roubar suas idéias, mas não os únicos. Ele afirma que muitos participaram de trabalhos sob sua coordenação e, depois que apreenderam suas técnicas, passaram a divulgá-las pelo mundo como se fossem suas. Kurt Lewin, segundo Moreno, por exemplo, deu ao *role-playing* e às técnicas de ação certo traço de artificialidade do qual, por vezes, Moreno é acusado. (O "roubo" de Kurt Lewin, como se percebe pela exposição do próprio Moreno, não impediu que este continuasse a ser reconhecido como o pai da idéia.) Mas chamar de "ladrões intelectuais" figuras respeitadas no meio científico da época atraiu para si as atenções da comunidade.

O autor compreende que a construção de suas idéias emergiu de uma prática, na qual esteve absorvido por anos, não tendo no princípio se preocupado em escrever sobre elas para que fossem absorvidas sistematicamente pela comunidade científica, como suas. Jacob Levy não se arrepende desse percurso, entendendo-o como um processo natural da verdadeira criação. Comparando-se a Deus, pergunta a seus leitores se acaso Ele começaria o mundo escrevendo o Gênesis. Em 1953, porém, no artigo dos "Prelúdios", reconhece que por não ter sistematizado e divulgado suas idéias, segundo os critérios da comunidade científica internacional, "perdeu" a paternidade de muitas delas.

Suas primeiras obras tinham sido publicadas anonimamente, mas ele desiste do anonimato quando, de autor religioso, passa a ser um escritor científico. Seu argumento é que vivemos em uma cultura que idealiza o autor e não a obra. Combater essa tendência por meio do anonimato possibilita que "ladrões intelectuais" roubem nossas idéias, ficando o criador fragilizado no combate ao mau uso de sua criação. Já o prestígio adquirido como criador aumenta a possibilidade de que seus valores penetrem na sociedade, transformando-a. Ao pugnar pela autoria de suas criações, Moreno parece pretender fortalecer o movimento psicodramático e seus integrantes, cuja prática reflete a filosofia de vida que ele abraça. Tal movimento, fortalecido, propagando técnicas integradas à ideologia originária de sua obra, poderia assim contribuir com vigor para o desenvolvimento da humanidade.

Apesar de criticar a egolatria, entendendo ser este o mal deste século (não estou certa se o mal está circunscrito a este século), Moreno, em "Prelúdios", deixa em dúvida seus leitores: o autor se empenhou na luta pela paternidade de suas idéias em nome de propósitos altruístas, em defesa das doutrinas e das técnicas em si, ou em nome da vaidade pessoal? Fica também obscuro se, ao falar em "complexo de paternidade", ele estaria remetendo somente a uma questão jurídica ou também a um fenômeno psicopatológico e, portanto, entendendo como negativa sua postura pela luta de paternidade de suas idéias. Se em alguns trechos ele sugere combater o mal mediante o anonimato (para que o gênio criador, em vez de gastar energia e tempo promovendo-se, utilize-os na criação), em muitos outros relata seus enfrentamentos públicos com pessoas respeitadas pela comunidade científica, fazendo questão de afirmar a paternidade de muitas de suas criações. Ao propor que raramente os indivíduos estão preparados para o anonimato, sendo então mais sensato e ético reclamar a paternidade da criação, penso que Moreno encontrou uma forma de justificar sua ambigüidade, mostrando não desconhecer sua condição de homem comum.

Uma das contribuições que Moreno nos dá, ao expor suas ambigüidades no tocante à paternidade das próprias idéias, é a dúvida que planta sobre a divulgação de nossa prática profissional. Manter no anonimato as conclusões que viemos sedimentando durante anos, por vezes pode indicar temor a críticas e não humildade; ou covardia, diante da possibilidade de "arranhar" conceitos tidos como verdade absoluta por determinada comunidade e com isso acionar a ira daqueles que não suportam ser questionados.

Tornar públicas nossas convicções possibilita que colegas façam apreciações que nos auxiliem na busca de transformações, assim como pode vir a promover reflexões e crises no pensar de profissionais que compartilham das mesmas atividades. Desse ponto de vista, divulgar a especificidade de nosso exercício profissional é um ato de fé na capacidade humana de superar a própria vaidade, conviver com o incerto e se comprometer seriamente com a evolução do saber. Entendo que estamos prontos para a divulgação da autoria de nossas idéias quando alcançamos a maturidade para compreender que elas não representam a resposta última a todas as questões da humanidade, mas tão-somente mais uma tentativa, falível, de trazer e receber contribuições de outros homens, tão falíveis como nós.

Assim compreendendo, dilui-se a ilusão de sermos *o salvador* e, com ela, o temor de virmos a ser crucificados, tal como Cristo. Minimizada nossa onipotência, nossas idéias paranóides ganham um pouco de sossego e passamos a poder freqüentar eventos científicos, assumindo a autoria de nossas idéias com mais serenidade. Com isso, ações e falas destrutivas perdem seu lugar de destaque. Alcançada essa serenidade, estamos aptos também a fazer críticas às idéias de nossos colegas, sem precisar com isso sobrecarregá-las do tom agressivo que beira a destrutividade.

A revelação de Moreno sobre seus conflitos a respeito da paternidade de suas idéias nos faz pensar não só em como esse tipo de conflito reverbera em nós, mas também sobre a forma de divulgar um pensamento em que acreditamos. A forma como Jacob Levy buscou reconhecimento muitas vezes é agressiva, tendo ele agido da mesma maneira quando se dispôs a criticar pessoas e sistemas que considerou seus opositores ideológicos. Veja-se o caso do comunismo e da psicanálise, os principais sistemas que Moreno elegeu como alvo de suas críticas e desafios. Seus ataques, por vezes, mostraram-se superficiais, parecendo que o mais importante para ele era combater sistemas com crédito consagrado na comunidade científica, chamando dessa forma a atenção para si e sua obra.

Conseguir inimigos famosos abriu muitas vezes espaço na mídia para o criador do psicodrama, como no caso da briga com o psicanalista dr. Brill. Convidado a comentar um artigo deste último, sobre Abraham Lincoln, em uma reunião da Associação Americana de Psiquiatria, Moreno combateu as idéias de Brill a partir dos referenciais da psicanálise. Considerando ser impossível fazer interpretações psicanalíticas de um morto, já que não se pode estabelecer com este uma relação de transferência e resistência, Moreno questiona o fato de Brill ter escolhido uma pessoa morta, famosa e americana, para análise; questiona também por que Brill escolheu ele, Moreno, um oponente da psicanálise, para discutir suas teses. Provocativo, sugere que Brill teria sido mais coerente se tivesse escolhido "um lerdo qualquer que fizesse boa imagem nos jornais" (Moreno, 1992a) em vez de escolhê-lo para ser atacado publicamente em um evento de ampla repercussão nacional. O episódio leva a pensar se, ao colocar-se de forma tão belicosa diante de seus opositores, Moreno prestou um serviço ou um desserviço à divulgação de sua obra e à concretização de sua filosofia teológica.

Moreno, é certo, não privilegiou os bons modos. Sua política foi agressiva e ele não desperdiçou oportunidades de praticá-la, quando estas se ofereceram. Agiu de maneira tempestuosa, penetrando com vigor na comunidade científica, em coerência com os princípios sociométricos que pregou. Rejeitava as idéias de Brill, por exemplo, e deixou sua posição bem explicitada, não escolheu o falso jogo de tratar bem seus inimigos ideológicos e seus concorrentes. Em suma, não se propôs a ser um "hipócrita sociométrico" (Moreno, 1992a), mas advertiu que aquele que rejeita será rejeitado, já que muitos aliam-se ao rejeitado, talvez por identificação, por estarem sujeitos à mesma rejeição. Agindo assim, descobriu que favorecia a construção, em torno de si, de um sociograma da rejeição. Mesmo ciente disso, toda a sua obra é marcada não só por explícitas rejeições a pessoas e a correntes teóricas, mas também por evidentes provocações a estas.

Se, por um lado, não escondeu seu desejo de se autopromover, assim como à sua obra, por outro, não deixou de dizer o que pensava, mesmo às custas de perder força sociométrica nos grupos em que se envolveu. Moreno costumava manter-se alerta diante da facilidade com que as instituições tendem a temer o novo, sugerindo ser um exercício saudável colocar-se contra as idéias institucionais. Acredito, porém, que devemos tomar cuidado em não tornar a crítica uma ação institucionalizada, pois, quando esta se torna sistemática, pode deixar de ser levada a sério.

Venho pensando que a atitude de Moreno, ao se postar diante de outras linhas de trabalho, especialmente a psicanálise, com excessiva hostilidade e pouca polidez, muitas vezes dificultou que o levassem a sério. Vale aqui citar Carlos Felipe Moisés, escritor e crítico literário brasileiro, que nesta passagem se refere ao ímpeto contestador da mentalidade excêntrica ou "subversiva", empenhada em última instância no seu próprio reconhecimento:

> A fuga pela excentricidade ama rotações de 180°, mas não consegue deter a roda. O giro continua, até os 360°, e a bizarria pseudo-subversiva logo se acomoda e repõe, intacto, o concerto bem comportado de sempre, permitindo que o especialista do susto reacionário suspire de alívio, com a conquista do que tanto almejava: seu lugar garantido entre os especialistas da primeira divisão. (Moisés, s.d.)

A dúvida que Moreno lança, ao descrever o modo como entra em atrito com as idéias que circulavam em sua época, gira em torno do resultado desse tipo de interação, podendo ter favorecido que muitos nem parassem para escutá-lo, repelidos por seu tom agressivo. Talvez também Moreno não conseguisse ouvir seus pares.

Parece que, ao convidar Moreno para examinar seu artigo sobre Lincoln, Brill pode ter promovido, voluntária ou involuntariamente, uma crise em suas convicções. Por maiores que tenham sido as lesões narcísicas provocadas pelo episódio, Brill talvez tenha podido rever seu pensamento e sua prática, tendo eventualmente ocorrido o mesmo com sua rede sociométrica. A questão pendente é: o que terá Brill levado para pensar com seus botões – o conteúdo do que disse Moreno ou a maneira agressiva como foi tratado?

Recuperar o que o espírito moreniano tem de melhor é, a meu ver, abrir espaço para que profissionais de outras linhas, sejam analistas ou não, possam fazer críticas à nossa prática atual. Ler, discutir e acompanhar como andam trabalhando colegas de outras abordagens; promover "casamentos exogâmicos" com eles, fertilizando e sendo fertilizados, sem confundir penetração com estupro, agressividade com destruição – me parece um bom caminho. Dizer claramente o que pensamos de suas práticas, aceitando ouvir o que tiverem a nos dizer, inclui a possibilidade de encontrarmos sistemas muito próximos do nosso, o que nos lança na busca de uma identidade que não se apóia mais na oposição sistemática a outras correntes.

Permitir que as idéias de Moreno, Freud e tantos outros expoentes das áreas humanísticas, fecundem-se mutuamente, parece confirmar a idéia de Moreno, segundo a qual Deus está na coletividade, na criatividade que circula entre os homens e os fecunda. Assim, o profissional da atualidade, isto é, os filhos e netos destes e de tantos outros, tendem a ser pais de novas idéias e de novas ações férteis. Identificar e deixar fluir este movimento é fortalecer o Deus da concepção moreniana, expresso em relações criativas e fecundas.

Penso que essa mesma postura deve ser considerada quando dirigimos nossos psicossociodramas. É preciso levar em conta nosso conhecimento sobre a natureza primitiva das emoções e a tão comum vaidade que circula entre os homens. As emoções podem vir a estabelecer um clima de excessiva belicosidade entre os participantes de um grupo, que inviabilize a escuta entre eles, condição necessária às múltiplas co-criações no espaço inter-relacional. Não basta justapor pessoas. É preciso que se façam intervenções que favoreçam a "porosidade" entre elas, de forma a poder ouvir e dizer, criar e contemplar a criação alheia e se deixar tocar por elas. Se a meta é que uma experiência seja compreendida em suas multifaces e que cada um possa contribuir com a sua interpretação da realidade de forma a não reduzi-la a uma leitura única, mas sim multiplicá-la, então é preciso que os indivíduos estejam aquecidos para se relacionarem de forma respeitosa, mesmo que no percurso desse processo ocorram eventuais agressões.

Assim, é preciso também que o grupo avance no sentido de suportar um *quantum* de agressão, às vezes necessário para que um indivíduo "penetre" com suas idéias em determinado grupo. Uma das mais importantes funções de um diretor de psicodrama é possibilitar que os grupos experienciem a dialética suavidade–agressividade, de forma a que daí venham a emergir múltiplas construções grupais, para que diferentes sínteses temporárias brotem do esforço comum, aceitando todos que nenhuma delas, em si, carrega o *status* de verdade final.

Acredito que Moreno nos ensinou isso, seja pela expressão de sua filosofia e dos relatos de seu trabalho, seja pelo seu temperamento belicoso e suas atitudes ambíguas, que nos permitem enxergá-lo como gente, "gente como a gente", protagonista de nossos dramas, tão divinamente humanos.

Referências bibliográficas

MOISÉS, C. F. "O desconcerto do mundo", ensaio introdutório do livro com o mesmo título, inédito, s.d.

MORENO, J. L. *Quem sobreviverá? – Fundamentos da sociometria, psicoterapia de grupo e sociodrama*. Trad. Denise Lopes Rodrigues e Márcia Amaral Kafuri. Goiás, Dimensão, 1992a.

_____. *As palavras do pai*. Campinas, Ed. Psy, 1992b.

Self: três abordagens psicológicas[*]

Maria da Glória Hazan

Para ser grande, sê inteiro; nada teu exagera ou exclui.
Sê todo em cada coisa. Põe quanto és no mínimo que fazes.
Assim em cada lago a lua toda brilha, porque alta vive.

Fernando Pessoa
(1980: 189)

Self, vocábulo de língua inglesa, significa, segundo o dicionário Webster's (Houaiss *et al.,* 1996), a *própria pessoa,* o *eu.* Mais do que a palavra em si, interessa-nos o conceito designado pelo termo que, no presente escrito, proponho examinar sob três ângulos distintos: a abordagem de Freud/Kohut – psicanálise; a de Jung – psicologia analítica; e a de Moreno – psicodrama.

Definição amplamente empregada no campo da psicologia, o conceito é relevante na compreensão dos fenômenos psicológicos relacionados à formação da identidade e ao embasamento da personalidade, pois abarca vários níveis da experiência humana no desenvolvimento da consciência, quer na dimensão pessoal e relacional, quer nas dimensões social, religiosa e cósmica.

O objetivo deste trabalho é distinguir o conceito nas três obras citadas, com o intuito de ampliar a compreensão fenomenológica da experiência clínica. O termo *self* não é utilizado por Freud, no entanto

---

[*] Publicado na *Revista Febrap*, vol. 7, nº 1, ano 1999.

o embrião do seu futuro uso está anunciado em seus estudos sobre o narcisismo. Posteriormente, o termo será utilizado na psicanálise por diversos de seus seguidores, dentre os quais destaco Kohut.

A religião constitui, como amplamente se admite, uma das mais antigas e universais expressões da alma humana. A psicologia, por sua vez, tem por objeto de estudo a psique-alma, não com o sentido teológico, mas como compreensão das manifestações simbólicas como realidades psíquicas atuantes no comportamento humano. É importante apontar que, nas obras de Jung e Moreno, há várias referências à experiência religiosa como expansão do próprio *self*, bem como a concepção de que tais experiências podem ser cientificamente descritas para além da dicotomia corpo–mente. Isso amplia a concepção dos fatores que contribuem para o desenvolvimento da consciência em sua relação com o inconsciente.

Freud, em *Sobre o narcisismo, uma introdução* (1914), baseia suas idéias no princípio causalista e determinista para a compreensão dos fenômenos psicológicos e sua aplicação na psicopatologia, propondo que os processos mentais são processos quantitativos de acumulação, vinculados à teoria econômica dos instintos. Freud descreve o narcisismo primário como uma etapa normal do desenvolvimento, na qual todo o investimento está voltado para o sujeito, não existindo ainda catexias objetais, ou seja, representações mentais do objeto. Nesse momento, a criança ainda não é capaz de distinguir, por exemplo, entre o seu corpo e o seio que a alimenta. Quando essa distinção ocorre, torna-se possível diferenciar libido narcísica (montante de energia auto-investida pelo sujeito) de libido objetal ou de objeto (montante de energia investida pelo sujeito no objeto). A partir dessa distinção, Freud vê as psicoses, chamadas por ele de *neuroses narcísicas*, como o investimento da totalidade da libido no ego e a ausência de investimento nos objetos. No adulto, isso corresponde ao amor de si próprio ou ao investimento de libido no próprio corpo, precedendo a capacidade de o indivíduo se relacionar com os outros ou amá-los. Na concepção popular, a expressão é de que uma pessoa narcisista se comporta de maneira antipática, absorta em si mesma, presunçosa e, por assim dizer, com a convicção da própria superioridade. Essa condição psicológica encontra-se poeticamente descrita no mito de Narciso, um jovem que se apaixona por seu reflexo nas águas de um lago, supondo tratar-se de outra pessoa. Portanto, para Freud o narcisismo primário é uma etapa normal do desenvolvimento.

O narcisismo secundário se manifesta quando a libido é retirada dos objetos e investida no ego. Essa retirada pode estar dirigida tanto a propósitos mais sadios quanto a propósitos patológicos (distúrbios narcísicos), no quadro da personalidade. O autor relaciona a retirada da libido objetal ao desenvolvimento do ideal do ego e à construção do superego (introjeção da imago parental). Na clínica, esse quadro apresenta-se ligado à vida de fantasia como comportamento observável, apesar de muitos pacientes com distúrbios narcísicos aparentarem funcionar relativamente bem no nível social.

Freud descreve a supervalorização do objeto, no estado amoroso ou de paixão, como idealização, a tentativa de preencher as condições infantis de amor e segurança. O objeto toma o lugar do ego ideal, substituto das imperfeições do ego. Ainda no referido texto, salienta que o amor favorece as ligações libidinais mais duradouras, e o narcisismo, em seu aspecto patológico, seria um obstáculo à civilização, (Freud, 1974, p. 77)

O narcisismo é atualmente considerado por muitos psicanalistas como algo que persiste por toda a vida e que pode assumir conotação normal ou doentia, dependendo das circunstâncias. Em seu aspecto saudável, age como função reguladora da auto-estima, da coesão e estabilidade da auto-representação. Isso difere da afirmação de Freud, segundo a qual é necessário superar o narcisismo em sua forma primária, caso contrário, sua presença contínua, na forma secundária, seria estigmatizada como patológica.

A idéia de narcisismo em Freud serviu como ponto de partida para a conceituação de *self* desenvolvida por Kohut. É importante salientar que a idéia de *self* nasceu de seus estudos sobre o *transtorno narcisista da personalidade*, ou seja, alguns fenômenos de transferência, ou assemelhados, na psicanálise de personalidades narcísicas, e as reações do analista, inclusive de suas contratransferências. Assim, Kohut diferencia a neurose narcísica do estado fronteiriço e da psicose como passível de transferência, portanto analisável. Ele coloca ênfase na capacidade empática do analista, na expressão do calor humano no encontro analítico. Argumenta um possível engano na compreensão do significado de *neutralidade/ passividade* na atitude terapêutica de alguns colegas psicanalistas, ao igualar *neutralidade* à *resposta mínima*. Privilegia a idéia de que a *cura* não se dá apenas pela interpretação ou *insight*, mas, principalmente, pela sustentação da relação terapêutica, expressa pela participação contínua da profundidade da psique do analista (Kohut, 1988a: 192-202). Explica que durante oscilações regressivas temporárias, no decorrer da análise de alguns desses pacientes, podem surgir sintomas que possivelmente pareceriam, à primeira vista, indicativos de psicose para aqueles que não estão acostumados com a análise de graves perturbações narcísicas de personalidade. Salienta que nem o analista nem o paciente tendem a ficar muito alarmados por essas experiências, mesmo que seu conteúdo julgado isoladamente (desconfiança paranóide, por exemplo, ou sensações físicas delirantes e mudanças profundas na autopercepção) indique possibilidade iminente de um sério rompimento com a realidade. Kohut adota uma visão diferente do tradicional modelo médico, pois sua abordagem da psicopatologia é guiada por uma orientação de psicologia profunda que não vê nos fenômenos clínicos entidades de doença ou síndromes patológicas, que deveriam ser diagnosticadas e diferenciadas com base em critérios comportamentais, na apresentação dos sintomas (Kohut, 1988b: 18-22; 31-5). Kohut menciona que esses pacientes estão sofrendo de perturbações específicas na esfera do *self* em que os objetos arcaicos catexizados com libido narcísica (*self*-objetos) ainda estão em íntima conexão com o *self* arcaico (objetos que não são vivenciados como separados e independentes do *self*). Explicita que, em seu aspecto negativo, esses pacientes permaneceram fixados em configurações arcaicas grandiosas do *self* e/ou em objetos arcaicos, superestimados e narcisicamente catexizados, fato que incorre em duas conseqüências principais: a personalidade adulta e suas funções maduras são empobrecidas porque são privadas das energias investidas nas estruturas antigas; e as atividades adultas realistas são tolhidas pela ruptura e pela intrusão das estruturas e reivindicações arcaicas. Apesar disso, os pacientes com perturbações narcísicas da personalidade conseguiram na essência um *self* coeso e construíram objetos arcaicos idealizados coesos, e, sendo assim, não estão seriamente ameaçados pela possibilidade de uma desintegração irreversível da personalidade.

Portanto, para Kohut, o *self* é "um organizador das atividades do ego", é o centro do universo psíquico. Como conteúdo do aparelho mental, é uma estrutura representativa dentro da mente, conceituado em forma de uma abstração próxima da experiência. O autor descreve os distúrbios narcísicos sobretudo como resultantes de uma dificuldade empática dos pais na relação com a criança. O estado de narcisismo primário, já definido, passa a ser designado estágio do *self* arcaico e grandioso (fase da imago parental idealizada). Assim, a criança, na tentativa de preservar o estado de perfeição e onipotência do narcisismo primário, quando abalado pelas frustrações, forma uma imagem grandiosa e exibicionista do *self* – o *"self* grandioso" e um *"tu"* admirado, a imago parental idealizada. Sob condições favoráveis de desenvolvimento, a estrutura do *self* grandioso é integrada à personalidade, fornecendo, segundo Kohut, a energia instintiva para os propósitos e ambições do ego e da auto-estima. Os aspectos da imago parental idealizada são também integrados à personalidade, introjetados como superego idealizado. No ego maduro, portanto, os conteúdos do *self* grandioso e do ideal do ego (que se forma em virtude da introjeção de qualidades idealizadas) são integrados à personalidade.

Ao colocar o *self* como centro do universo psíquico, Kohut amplia a concepção de libido e sistematiza a psicologia psicanalítica do *self*, dando grande importância à prática clínica. Mediante compreensão das desordens narcísicas da personalidade, contribuiu significativamente para o entendimento clínico dos pacientes *borderlines* (Cavalcanti, 1997: 24-35).

Em síntese, é importante ressaltar que as idéias de Kohut se aproximam da visão dos psicoterapeutas e psicanalistas, como Moreno e Jung, que valorizam a noção de *"self* relacional", a importância do meio ambiente e dos vínculos e o papel da empatia nas relações, que nos remete ao conceito de *tele* no psicodrama.

Para Jung, o *self* representa o arquétipo da *totalidade* como centro regulador da psique, poder transpessoal que transcende o ego. Em sua definição, como conceito empírico, o *self* designa toda a gama de fenômenos psíquicos do homem. Expressa a unidade da personalidade como um todo, porém, uma vez que a personalidade total, em virtude de seu componente inconsciente, pode apenas em parte tornar-se consciente, o conceito de *self* é, em parte, apenas potencialmente empírico, sendo, nesta medida, um postulado. Em outras palavras, abrange tanto o que é passível de experiência quanto o que não o é (ou o que não foi ainda objeto da experiência) e, nessa medida, é um conceito transcendente. Neste modo de ver, o *self* não é somente o centro, mas também a circunferência total, que abarca tanto o consciente quanto o inconsciente; é o centro dessa totalidade, assim como o ego é o centro da consciência (Jung, 1985). Jung assim diz:

> A natureza essencial do arquétipo é incognoscível, mas o *self* pode se manifestar por imagens que formam o conteúdo de mitos, sonhos e contos de fadas, na figura da "personalidade supra-ordenada", tal como o rei, um herói, o profeta, o salvador etc., ou sob a forma de símbolo de totalidade, como o círculo, o quadrado, a cruz etc. Quando representa um "complexo *oppositorum*", uma união de opostos, pode também aparecer como dualidade una, na forma, por exemplo, do "tao", enquanto interação de "yang" e "yin", ou dos irmãos hostis, ou do herói e seu adversário (arquiinimigo, dragão), Fausto e Mefistófeles etc. Empiricamente, portanto, o *self* aparece como jogo de luz e sombra, embora seja concebido como totalidade e unidade, nas quais os opostos estão unidos. (Sharp, 1997: 142)

O ego não tem controle sobre a irrupção dos conteúdos inconscientes que estimulam a realização do *self*, que é um fator psíquico autônomo. Nessa medida, pode advir uma neurose que, na visão prospectiva de Jung, guarda os símbolos de desenvolvimento daquela personalidade. Quando o ego se identifica com o *self*, em razão do fascínio que as imagens têm sobre ele, quer conservar sua ilusão de domínio. Nesse caso, apresenta em seu comportamento uma atitude de soberba, poderosa e incontestável, que denota uma identificação inflada com o poder superior.

As experiências do *self*, para Jung, possuem uma numinosidade característica das revelações religiosas. Em decorrência do impacto pela intensidade e fascínio que provocam, estas vivências numinosas, por um lado, podem abalar o ego, e levar a uma desestruturação da personalidade; por outro, podem atender ao desenvolvimento como bússola orientadora na busca do mais profundo significado e realização do Ser. Do ponto de vista clínico, essas vivências encontram um espaço continente para a elaboração quando trabalhadas durante o processo psicoterapêutico, levando à integração da personalidade.

É importante explicitar que, no nível empírico, os diferentes aspectos do fenômeno religioso têm relação com a imagem do mundo e de Deus. Quando as experiências das realidades da alma se confundem com a experiência simbólica, podemos compreendê-las pela análise dos símbolos. Assim sendo, mediante imagens, sonhos, percepções visionárias, enfim, pelos símbolos, a energia do inconsciente emerge à consciência. À medida que esses símbolos são integrados na consciência, afetam a qualidade da vida pessoal, valorizando-a e dando-lhe sentido. Os símbolos não podem ser apenas entendidos intelectualmente, mas experienciados por meio dos sentimentos que despertam para que sejam compreendidos. Conforme nossa atitude em relação a eles, podemos nos deter somente em sua aparência ou forma, ou termos revelado um sentido mais profundo. O mundo interior e o exterior perdem a distinção na experiência simbólica, por exemplo, quando olhamos para o céu, vemos as estrelas e nos sentimos fazendo parte do cosmos, desta unidade e beleza. Essas vivências permitem que a expressão de nossa visão interior encontre um sentido no mundo exterior. Os símbolos fazem a mediação entre os dois mundos e ao mesmo tempo os combinam. Símbolo significa o que une.

Segundo Jung, o homem tem uma tendência invencível a confundir a imagem com a realidade, a divindade no homem e o Deus transcendente, não considerando a diferença existente entre o objeto e sua imagem apesar do caráter absoluto da experiência da "Imago Dei" (Jung, 1986). Assim, Deus, ou o que é chamado Deus, é apenas considerado expressão simbólica de uma realidade imanente ao homem, um conteúdo psicológico, e, sob esse prisma, atua no desenvolvimento da consciência como um fator natural.

As experiências de ordem religiosa, no sentido de *re-ligare*, de ordem do numinoso ou sagrado, ocorrem, na maior parte das vezes, em momentos críticos na vida de uma pessoa. São momentos de transição, de mudança, que muitas vezes não encontram espaço de expressão e podem ser interpretados como uma anomalia, um desvio da percepção da realidade, ou como uma disfunção do sistema nervoso, sendo indevidamente *medicados,* tratados como patologia. Assim o potencial criativo é lesado e o *self* perde sua função, como *agente de cura*, no processo de desenvolvimento da personalidade.

Jung acredita que não há nenhuma diferença essencial entre o *self*, como realidade experimental e psicológica, e o conceito tradicional de uma divindade suprema: "Ele poderia, igualmente, ser chamado de o 'Deus interior', assim reconhecendo a natureza religiosa do homem" (Samuels, 1989: 177). Acrescenta ainda que o *self* exige ser reconhecido, integrado, realizado; porém, não há possibilidade de incorporar, no limitado âmbito da consciência humana, mais do que um fragmento de totalidade tão vasta. Portanto, o relacionamento do ego com o *self* é um processo incessante, que tem como finalidade o desenvolvimento da consciência, um dos fatores mais importantes na constituição do Homem, responsável pelo Ser Ético e a Alteridade.

Após a exposição sucinta das abordagens psicanalítica e junguiana, abordarei a visão psicodramática do *self* que guarda relação com os teóricos acima referidos.

Para Moreno, o *self* é "o cadinho de experiências oriundas de muitas direções, como um rio que flui da espontaneidade e é sustentado por muitos afluentes subsidiários". Ele encontra sua expressão nas dimensões social, sexual, biológica e cósmica, mas com o alerta de que não pode reduzir-se a nenhuma delas. Nesse sentido, acredita ser impossível delimitar sua esfera de ação e sua origem. Para ele, o mistério, a fonte primeira de toda criação, está invariavelmente presente na capacidade criativa/criadora do ser humano.

Sua tese propõe que o *locus*, a *matriz de criatividade,* está na *espontaneidade,* uma sendo função da outra, uma alimentando a outra, ou seja, quando a *espontaneidade* cresce, o *self* se expande, sendo infinito seu potencial. Então podemos compreender o *self* como se fosse ao mesmo tempo o continente e o conteúdo expresso pela espontaneidade, sinônimo de criatividade.

Moreno descreve a configuração de papéis particulares e coletivos como um dos aspectos do *self* responsável pela estruturação da identidade da criança. Esta se atualiza principalmente a partir do relacionamento com a mãe, na função de *ego-auxiliar,* que permite, por intermédio de sua capacidade télica e empática, o desenvolvimento dos papéis sociais, psicossomáticos, psicodramáticos na formação de sua personalidade. Nessa medida, se aproxima de Kohut quando este valoriza não só o intrapsíquico, mas o inter-relacional no processo de desenvolvimento. Entretanto, o *self* ultrapassa o âmbito interpessoal, e dessa forma a questão que Moreno levanta é: até onde se estende? Onde acaba? Para essa questão fundamental concebe a idéia de um *self* humano relacionado a um *self* universal, ou Deus. Assim, aproxima-se da concepção de Jung, quanto à natureza e importância do relacionamento humano com as experiências expressas pelo *self*. Para Moreno, a ciência ao romper com a religião separou o homem de um sistema divino, de sua conexão com a experiência religiosa de um Deus supramundano. Nesse sentido, comenta que "os apóstolos modernos do agnosticismo cortaram em sua entusiasmada pressa um pouco mais do que deviam e, assim, eliminaram o próprio *self* do homem, emanciparam o Homem de si próprio. Disseram que Deus estava morto, mas foi o homem que morreu" (Moreno, 1984: 17-20; 21-99). Enfatiza que o cerne da questão não é a existência ou negação de Deus, mas a origem, a realidade e a expansão do *self*, sendo que o *self* do homem pode expandir-se em razão da criatividade.

Moreno não só critica a visão materialista da ciência, mas também propõe uma teoria na qual o ponto central, a base, é o *Self*-Deus, como fonte da criatividade humana e manancial da espontaneidade, aproximando-se, nesse sentido, da concepção junguiana de *self*. A idéia de um Deus inacessível, comum há várias culturas, se converte numa dimensão humana, tornando-se, portanto, acessível como expressão de sua potencialidade máxima; ou seja, esse Deus interior ou *Self*-Deus para Moreno é o limite para o qual tende o homem plenamente realizado. O homem dessa forma não é mais considerado um "produto final da criação", submetido a uma entidade externa despótica, o Deus tradicional, mas é visto nele mesmo como criador, como *homem-deus* capaz de construir, edificar o mundo. Moreno, assim, resgata a parcela mais importante da religiosidade, que é religar o ser humano ao seu aspecto divino, a potência do ser à imagem e semelhança de Deus. Evoca a consciência da importância de recuperar a idéia de *self* espontaneamente criativo, propondo uma outra forma de pensar ciência, em reação ao contexto histórico-social em que vivia. A doença para Moreno se apresentaria quando a espontaneidade estivesse bloqueada, e um dos motivos pelos quais isso ocorre é devido à fixação do sujeito a um número reduzido de papéis. O que facilitaria transformá-los em conservas culturais, estereótipos rígidos de si mesmo, com perda da liberdade de expressão.

Para que a espontaneidade e a criatividade possam ser trabalhadas terapeuticamente, o palco psicodramático se transforma no lugar de acolhimento para a experiência que é a vida. Possibilita, mediante ação, atualizar no momento: presente, passado e futuro. Como protagonista, encontra o "outro" desconhecido nele mesmo (representado pelo ego-auxiliar), que corporifica o personagem do imaginário, tornando-o visível e consciente. Ao encarnar o papel do "outro" idealizado, experiencia, por vezes, a dor de não ser o ideal imaginado. Nesse sofrimento renasce com surpresa o ser que realmente é. Não há audiência e espetáculo; todos estão envolvidos no ato presente, "o elenco é a totalidade da platéia, é o teatro de todos por todos" (Moreno, 1975: 46-86, 94-107, 125-206). Aos poucos, torna-se responsável pelas escolhas que faz em sua vida, assume a importância da participação na comunidade em que está inserido, percebe que no encontro com o outro, e com o diferente, compõe, na multiplicidade de possibilidades, as várias facetas de "Deus", ou seja, o homem como ele mesmo, criando e concretizando a realidade.

No procedimento clínico, o surgimento do *self* durante o processo de aquecimento para o estado espontâneo surge dividido em ator espontâneo e observador interno contra-atuante (participante). "Esta divisão é de grande significado no trabalho terapêutico, sendo ainda o fundamento dinâmico dos fenômenos cômicos e trágicos no drama." (Moreno, 1984:59) Aí Moreno faz uma distinção entre o ego e o Eu, designando este último como a instância observadora do processo; é a idéia, enfim, do indivíduo que vive a experiência a que está submetido, e ele é ao mesmo tempo capaz de observá-la e observar-se. No papel do observador-participante, quando colocado no palco psicodramático, o sujeito tem a possibilidade de tomar conhecimento das expressões mais singulares que habitam sua alma. É a "catarse de integração, em nível télico, dos conteúdos emocionais, a integração de intersubjetividades, de intencionalidades, de intuições", que possibilita *re*-criar, transformar e liberar o que parecia imutável e supradeterminado (Castello de Almeida, 1988: 89-99). O ator se torna autor ativo na condução de seu próprio destino, não mais como *paciente* movido apenas por estados emocionais, mas como *agente* co-consciente de seu processo e responsável pelas escolhas que faz.

No tocante à espontaneidade, conceito fundamental em sua proposta, Moreno assim se expressa:

A espontaneidade permite ao mais profundo nível de personalidade emergir livre. A livre emergência da matriz criativa não ocorre devido a interferências externas; é autônoma. No relacionamento entre o próprio processo de viver e a criatividade/espontaneidade é que se baseia a significação medicamentosa dessa emergência. Em substituição à análise de profundidade surge a produção de profundidade e a ação que decorre das profundezas; no lugar do médico, socorre o *Self.* O propósito é tornar visível a doença. Falando paradoxalmente, o objetivo do tratamento espontâneo não é ficar bem, é ficar doente. O paciente expulsa a doença de si próprio. A magnificação da realidade em drama liberta-o da realidade. (Moreno, 1984: 17-20, 21-99)

Dramatizar para desdramatizar, repetiríamos.

A partir da experiência nos jardins de Viena, quando Moreno sentava-se ao pé de uma árvore e contava histórias para as crianças, um clima de magia transformava a atmosfera que os envolvia em uma luminosidade diferente. Esse manto de mistério revela a dimensão de outro campo de realidade, o universo dos contos de fadas que os transportava ao país do faz-de-conta. A inserção no tempo mítico, ao ouvir ou narrar um conto de fadas ou um mito, possibilita a saída do cotidiano, de uma situação particular no tempo histórico e nos conecta com o tempo sagrado. O acesso a essa fonte, a esse universo, foi para Moreno o que em suas palavras transformara-se em uma decisão, uma idéia fixa que deveria permanecer como um *guia,* a qual não abandonaria jamais. As vivências de *self* que Moreno nos descreve com beleza e emoção serviram de modelo para todas as ocasiões em que ele se esforçava por visualizar uma nova ordem de coisas ou para criar uma forma nova. Ele comenta que a certeza absoluta das visões parecia dotá-lo de uma ciência da vida antes mesmo que a experiência e o experimento atestassem sua precisão.

Moreno em toda sua obra revela a importância vital da relação do Homem com o *Self.* Ele foi um exemplo vivo do que acreditava, dando-nos a oportunidade, pela sua proposta, de percorrer um trajeto profícuo de conexão profunda e estruturante à fonte de criatividade. Moreno pensa o Homem em relação, compondo com o outro, mediante ações conscientes em todas as dimensões que a existência propõe.

Espero que esse resumo possa alcançar seus objetivos perante o leitor. É uma pequena faceta da compreensão desenvolvida pelos grandes mestres. Cada uma das teorias é como um cristal lapidado que reflete as inúmeras possibilidades de se abordar um fenômeno, cada um com seu brilho específico, diferenciado na multiplicidade de sua potência.

Referências bibliográficas

CASTELLO DE ALMEIDA, W. *Formas do encontro – Psicoterapia aberta*. 2ª ed. São Paulo, Ágora, 1988.

CAVALCANTI, R. *O mito de Narciso – O herói da consciência*. 1ª ed. 1992. São Paulo, Cultrix,1997.

FREUD, S. *Sobre o narcisismo: uma introdução*. Rio de Janeiro, Imago, 1974, vol. XIV.

HOUAISS, A. & CARDIM, I. *Websters's Dicionário Inglês/Português-Português/ Inglês*. São Paulo, Ed. Folha de São Paulo, 1996.

JUNG, C. G. *O eu e o inconsciente*. Petrópolis, Vozes, 1985.

_____. *Símbolos de transformação*. Petrópolis, Vozes, 1986.

KOHUT, H. *A restauração do self*. Rio de Janeiro, Imago, 1988a.

_____. *Análise do self*. Rio de Janeiro, Imago, 1988b.

MORENO, J. L. *O teatro da espontaneidade*. São Paulo, Summus, 1984.

_____. *Psicodrama*. São Paulo, Cultrix, 1975.

PESSOA, F. *O Eu profundo e os outros eus*. Rio de Janeiro, Nova Fronteira, 1980.

SHARP, D. *Léxico junguiano*. 1ª ed. 1993. São Paulo, Cultrix, 1997.

SAMUELS, A . *Jung e os pós-junguianos*. Rio de Janeiro, Imago, 1989.

PARTE II

A FAMÍLIA NO PALCO

Palco, teatro e psicodrama[1]

Carlos A. S. Borba*

A proposta deste artigo é estabelecer uma relação entre o palco do teatro e o palco no psicodrama moreniano. Segundo Moreno, "o palco é um instrumento essencial, indispensável para a forma ideal e objetiva do psicodrama e é tão indispensável quanto o diretor, os sujeitos ou os egos-auxiliares e o corpo" (1977).

Nessa frase podemos perceber a importância do palco no psicodrama. Foi a partir dessa constatação que resolvi desenvolver este trabalho: realizar um percurso histórico relevando a importância dos palcos para o teatro – passando pela Grécia antiga, o teatro Nô, os autos medievais e o confronto entre o teatro elisabetano e o classicismo francês –, estabelecendo, na medida do possível, uma ponte entre sua importância para o desenvolvimento da ação cênica, no teatro, e a concepção do espaço cênico para Moreno, esse palco que ele percebeu e utilizou de forma tão intensa em diferentes fases de seu trabalho como psicodramatista.

Sabemos que Moreno pesquisou intensamente o teatro grego. Por exemplo, a idéia de catarse presente no psicodrama – em que o espectador, identificando-se com o herói e sentindo o terror, a piedade e os castigos infligidos pelos deuses, purgava seus próprios males – vem do teatro grego.

Mas em que medida a concepção do palco grego também estava presente em suas indagações acerca da importância do espaço cênico no psicodrama? Para responder a essa pergunta teremos de viajar no

---

1. Aula ministrada pelo autor, no Grupo de Estudos de Moreno. São Paulo, abril de 2000.
* Também autor das ilustrações.

tempo. Antes de surgir o espaço cênico, surgiu a ação cênica. Isso aconteceu por volta do século VI a.c. Segundo alguns historiadores, o teatro nasceu das festas dedicadas a Dioniso, divindade da Grécia antiga, filho de Sêmele e Zeus, o deus do vinho e da fertilidade. Naquele período, sobretudo em Atenas, eram comuns as dionísias, festas celebradas em honra a Dioniso. Nessas festas cantava-se e faziam-se oferendas ao deus. Muitos participantes, talvez sob o efeito do vinho, entravam em delírio místico.

Com freqüência, a estátua representando Dioniso era transportada em uma carroça, que seria o palco. Conta a lenda que em uma dessas manifestações estava presente Solón, tirano de Atenas. Talvez encorajado pelo vinho, Téspis fez de alguns panos um manto e colocou-se na frente do governante dizendo: "Eu sou Dioniso". Então o teatro pode ter nascido assim, de um ato subversivo. "Foi um sacrilégio, pois pela primeira vez um visionário cidadão grego se apresenta como um deus humano aos atenienses reunidos naquele mercado" (Castro, 1976).

Até então, Téspis fazia apresentações com uma pequena trupe de dançarinos nos festivais rurais, portanto, Margot Berthold afirma que foi na ocasião da grande dionisíaca de Atenas, que ele "Téspis teve essa nova e criativa idéia que faria história, pois ao se colocar à parte do coro como solista [...] criou o papel do hypokrites ('respondedor' e, mais tarde, ator), que apresentava o espetáculo e se envolvia num diálogo com o condutor do coro" (Berthold, 2000).

Naquela ocasião as pessoas vibraram porque algo simbólico ganhara vida no momento presente e, sobretudo, em um espaço determinado, que separava o ator do público. Portanto, poderíamos dizer que o primeiro palco foi uma carroça e talvez viesse daí o fascínio de Moreno pelo espaço cênico, inicialmente o tablado cheio de rodas e rococós. Depois veio o teatro de três planos.

Mas, voltando aos gregos, depois dessa delimitação do espaço cênico nas dionisíacas essa concepção espacial foi sendo paulatinamente desenvolvida, segundo Sábato Magaldi (1985):

A forma que chegou até nós como representativa da solução grega ideal é o Teatro de Epidauro, muito posterior à fase áurea da tragédia. Construído de pedra, não formava uma unidade arquitetônica, porque suas três partes fundamentais eram isoladas. O público se concentrava no *teatron*, verdadeiras arquibancadas em semicírculos concêntricos de 270 graus. No centro, ficava a orquestra, onde evoluía o coro e, segundo alguns teóricos, ocorria também a representação dos atores.

Como podemos ver, essa referência ao espaço cênico como circular e semicircular, tão presente no trabalho de Moreno, tem sua gênese no teatro grego.

Nas cidades da Grécia antiga construíam-se acrópoles, castelos e templos edificados em colinas fortificadas. Essas construções geralmente abrigavam o palácio real e eram a sede da vida política e religiosa da cidade. Ocupada desde o II milênio a.C., a área da acrópole de Atenas foi consagrada à deusa Atenas.

Na encosta sul dessa acrópole foi construído o teatro de Dioniso, entre 342 e 326 a.C. (Figura 1), mas modificado na época da invasão

Figura 1 – Teatro de Dioniso.

romana. Vale ressaltar que entre as modificações feitas pelos romanos no teatro de Dioniso, além da ampliação da galeria para aumentar a capacidade de receber espectadores, criaram-se camarotes, ou seja, começou a haver uma distinção de classe entre o público presente. Nesses camarotes as pessoas recebiam visitas, ali conversava-se e bebia-se. O teatro era apenas mais um espetáculo associado a um acontecimento social. Mas esses festivais atenienses, na verdade, não constituíam um evento popular e sim para a aristocracia e os cidadãos livres.

Mas antes dessas alterações feitas pelos romanos, durante uma fase de grande esplendor cultural na Grécia, desenvolveram-se ali os festivais nos quais as tragédias escritas por Ésquilo (525-456 a.c.), Sófocles (495-405 a.c.) e Eurípides (480-406 a.c.) e as comédias criadas por Aristófanes (445-385 a.c.) eram encenadas.

As pessoas ficavam horas e horas nesses festivais, esse era um marco cultural. Assistia-se a um espetáculo após o outro: os programas eram constituídos, em algumas épocas, por uma tragédia, um drama e uma comédia, apresentados nesta ordem. Os festivais eram subvencionados pelos cidadãos ricos e a premiação apresentada por juízes, de acordo com as decisões políticas, e Arnold Hauser ainda ressalta:

> [...] as sagas heróicas, com sua perspectiva trágico-heróica da vida, eram aristocráticas.

Segundo esse autor, o verdadeiro teatro do povo não recebia nenhuma subvenção do governo: "Oferecia ao público não dramas artisticamente construídos à maneira trágico-heróica, com personagens nobres e sublimes, mas cenas naturalistas curtas, esquemáticas, com assuntos e personagens inspirados na vida cotidiana trivial" (Hauser, 1995).

Na verdade isso não nos interessa no presente estudo, pois estamos empreendendo uma viagem pela concepção do palco como espaço cênico, todavia não podemos deixar de dizer que apesar de o espaço da platéia ser comum a todos os cidadãos livres, importante marco da democracia grega, havia essas manifestações populares de teatro, conhecidas como mimo.

Como pudemos perceber, essa concepção do teatro circular que aparece no psicodrama moreniano possivelmente tem sua origem no teatro grego e aparece, inclusive, na concepção arquitetônica dos teatros que compõem a acrópole de Atenas.

Até aqui falei sobre a cultura ocidental, e a civilização grega é o berço dessa cultura à qual pertencemos, mas existe um outro tipo de teatro, o japonês, que aparentemente não tem nenhuma relação com o Ocidente. Contudo, podemos estabelecer várias relações entre a manifestação teatral desses dois povos.

Como acontecia nos festivais gregos, as pessoas também ficavam o dia inteiro assistindo aos espetáculos de teatro Nô. Observando a Figura 2, podemos ver que o palco fica bem no centro. A passarela na diagonal esquerda é uma passagem importante, pois mostra essa relação entre o horizontal e o vertical, tão presente na cultura oriental, e manifesta-se não apenas na concepção do espaço cênico, mas também no arranjo floral, *ikebana,* por exemplo. É essa relação entre o horizontal e o vertical, baseada no zen-budismo, que vai aparecer no modelo de palco concebido por Moreno. Retomaremos essa questão posteriormente.

Voltando à figura, observem que o palco tem um telhado semelhante ao dos templos e é sustentado por quatro pilares; nas

Figura 2 – Teatro Kabuki.

79

laterais há uma espécie de cobertura na qual ficavam os técnicos, responsáveis pela iluminação. Eles "acendiam" ou não a raiz, ou seja, cortininhas de bambu que, levantadas ou abaixadas, controlavam a intensidade de luz que incidia sobre o palco; a iluminação era natural, já que os espetáculos aconteciam sempre durante o dia.

Podemos perceber que nessa concepção de teatro havia uma distinção de classes: os camarotes, nas laterais, para as pessoas de castas mais elevadas e o espaço destinado à platéia comum. Nesses camarotes, como ocorria no teatro grego, depois da invasão romana, recebiam-se pessoas, conversava-se, a platéia comum é que ficava mais atenta ao espetáculo. Outras comparações podem ser feitas entre o teatro grego e o teatro Nô. Certamente, também no Japão o teatro nasceu dos conflitos ocasionados pela necessidade de se entender o sobrenatural. A participação do coro é comum nas duas dramaturgias, a distinção entre o protagonista e as personagens secundárias é outro ponto de convergência.

Entretanto, gostaria de estabelecer agora uma relação entre a construção arquitetônica do teatro japonês e o *corral*, pátio de madeira em que eram apresentados os espetáculos na Espanha (o único que ainda resta fica em Almagro). Observem na Figura 3 que também no palco concebido pelos espanhóis havia o telhadinho, que protegia os atores da chuva, além dos camarotes, que também lembram o teatro japonês. As pessoas sentavam-se em bancos ou no chão diante do palco. A iluminação também era feita de cima para baixo.

Contudo, não podemos passar pelo teatro espanhol sem mencionar o trabalho de Lope da Veiga (1562-1635), um dos fundadores do chamado Teatro Novo, na época. Com esse grande dramaturgo o teatro começou a se afastar dos autos religiosos impostos pela Igreja e ganhou formas mais simples. É dele uma das mais objetivas e profundas definições de teatro que conheço: "O teatro é o lugar da representação, e para tanto basta um tablado, dois seres humanos e uma paixão". Esse duelo pode acontecer de forma direta, quando temos em cena um protagonista e um antagonista, ou indireta, quando se trata de um monólogo, pois, mesmo nesse caso, o ator interage com a personagem e, de certa forma, trava esse duelo interior consigo mesmo.

Então, também podemos definir teatro como sendo a relação estabelecida entre protagonista e antagonista em um espaço determinado: o palco.

Figura 3 – Teatro Espanhol.

O espaço proposto por Moreno era um espaço para o grupo, o diretor e o ego-auxiliar (terapeutas). Podemos inclusive ver aqui uma das diferenças entre psicodrama e psicanálise. Nesta o protagonista é o paciente e seu antagonista o psicanalista, num mesmo espaço em que estão um divã e uma poltrona.

No psicodrama esta relação se estabelece no palco entre o protagonista (paciente) e seu antagonista (outro paciente ou ego-auxiliar), ficando o diretor (terapeuta) e a platéia desta relação.

Moreno era sintônico com algo que começava a acontecer nas concepções teatrais daquela época, início do século XX, que já apontavam para a ruptura da quarta parede[2] estabelecida pelo teatro tradicional e foi bastante estudada pelo teatro naturalista.

---

2. Esta parede virtual era a separação entre palco e platéia. A proposta de Moreno não é só romper com a quarta parede, mas trazer para o palco os protagonistas vindos da platéia, que serão os atores e criadores do texto, ou seja, propondo-se a criar a vida de forma hiper-realista, transformando o palco numa grande fotografia.

Para Moreno o palco era muito importante, era algo vivido e recriado. É claro que essa situação do espectador como autor não é uma criação moreniana, mesmo porque sua intenção não era buscar renovações para o teatro como linguagem artística, mas se apropriar de alguns conceitos dessa arte para criar o psicodrama. Contudo, podemos perceber os avanços propostos por ele quando concebe um espectador que fala, se movimenta, pode controlar a iluminação, expressar seus desejos, suas idéias.

Para que essa ruptura feita por Moreno fique mais clara é necessário conhecer as teorias do russo Stanislávisk e do alemão Bertolt Brecht. O primeiro autor desenvolveu um método dedicado à formação do ator baseado no princípio de que deveria haver total intimidade entre o ator e a personagem. O ator deveria então desenvolver uma série de exercícios de interiorização que teria como objetivo final a entrega total à personagem. Apesar de essa aproximação ser feita a partir das próprias experiências sentimentais do ator, pressupõe-se um ator consciente de sua criação. Quanto mais verdadeira a interpretação, mais o espectador teria a ilusão de estar diante da personagem, e não do intérprete. Com isso criava-se uma quarta parede imaginária que distanciava a personagem e, conseqüentemente, o ator da platéia.

Brecht, ao contrário, acreditava que o ator tinha de ter consciência da existência do espectador. Para tanto, ele não podia colocar seus sentimentos a serviço da personagem, mantendo um distanciamento. Assim, se o espectador é mantido afastado, não é o ator que determina as emoções que ele sentirá, mas o próprio espectador terá liberdade de escolher a emoção que quer ou não sentir.

A separação entre o palco e a platéia, proposta por Stanislávisk, determinava a existência de um espaço fixo para a criação de uma cena. Atualmente, muitas propostas de encenação procuram romper com essa barreira, como a peça *Apocalipse 1.11*[3]. O espetáculo acontece no antigo presídio do hipódromo. Percebemos que já existe aí uma transgressão quanto à escolha do local; a montagem não é feita

---

3. Peça dirigida por Antônio Araújo, texto de Antônio Bonassi, apresentada em São Paulo em 2000.

num teatro, mas numa penitenciária. Os espectadores vão seguindo os atores naquele espaço. Assim, dependendo do ângulo em que você se encontra, fica mais próximo do protagonista, do antagonista, da vítima ou do algoz, o que permite acompanhar os conflitos sob diferentes pontos de vista.

Claro que a proposta de Moreno não era a busca de uma nova acepção estética para o conceito de palco, entretanto podemos citá-lo para compreender que na concepção do psicodrama o espaço é bastante relevante. "O objetivo do psicodrama é uma organização genuína da forma, numa auto-realização criativa no ato, numa estruturação de espaço, numa concretização de relacionamentos humanos no âmbito da ação cênica." (Moreno, 1984)

Voltando ao nosso percurso histórico, gostaria de falar um pouco sobre a concepção de palco na Idade Média. Durante esse período, o teatro estava intimamente ligado ao drama litúrgico ou autos sacramentais. Portanto o "palco" era constituído pelas próprias igrejas, as escadarias e as praças que as circundavam. O clero então começou a perceber que as feiras, por reunirem muitas pessoas vindas de diferentes pontos da cidade, eram o lugar ideal para se realizar a catequese. Eram encenados grandes temas tirados da Bíblia nos quais apareciam o céu, plano mais alto; o purgatório, plano intermediário, e o inferno, plano inferior. Todavia, como os espaços de apresentação eram as praças, espectadores e atores se misturavam, e a platéia era envolvida, participando da cena; transformavam-se, assim, em espectadores-atores.

Pesquisando essa estrutura, pude perceber que o cenário criado por Moreno para participar da Mostra Internacional de Novas Técnicas Teatrais, em Viena, 1924, com vários planos e um palco-platéia, remete a essa idéia dos palcos medievais. Observem esse modelo vienense nas Figuras 4 e 5, de 1924. Aliás, esse projeto suscitou certa polêmica entre Moreno e Kiesler quanto à autoria. Creio que Kiesler ganhou o prêmio porque conseguiu apresentar uma construção do modelo, enquanto Moreno fez apenas uma maquete.

Observem que Moreno criou um palco com vários planos e várias rampas. Na Figura 4 temos o palco apresentado em um corte vertical em que podemos perceber que para a construção desse espaço ele buscou referências: no teatro grego, a semicircularidade que vimos na construção dos teatros da acrópole; no teatro espanhol, a presença de galerias, e, também, no teatro medieval, como já vimos, acontecia em diferentes planos e havia uma interação entre atores e espectadores. Nas proposições feitas por Moreno, na verdade, todos eram atores e espectadores simultaneamente.

Figura 4 – Modelo vienense de palco.

Passemos agora à figura do modelo de palco de 1936 (Figura 5), o modelo de Beacon, em que aparecem esses três níveis. Ele é composto de três plataformas dispostas em círculos concêntricos no palco, com um quarto nível fornecido pelo balcão ou galeria (no alto da figura). Esses três níveis permitem maior âmbito de movimentos e expressão de distâncias, bem como proporcionam meios para diferenciar as várias fases de aquecimento específico e inespecífico para as cenas psicodramáticas.

Os três círculos, ou plataformas, sucessivamente, apresentam a seguinte medida: 5, 4 e 3,5 metros de diâmetro. A galeria, ou balcão,

Figura 5 – Palco – Modelo Beacon.

que fica a 2,5 metros acima do palco, tem um metro de largura por 7 de comprimento e é guarnecida por um parapeito. É sustentada por duas colunas que se apóiam no círculo médio do palco, atrás dele há uma escada que leva à galeria.

Podemos nos perguntar: por que Moreno criou esse espaço tão complexo? E ainda: por que a escolha das praças para realizar as dramatizações? Talvez em virtude dessa herança do teatro medieval e por ser a praça um espaço político-social em que as pessoas se encontram, discutem, conversam sobre a vida. Quanto à delimitação do espaço do palco, ele é o espaço mágico em que tudo pode acontecer.

Esse palco ocupa quase a metade da sala do teatro terapêutico (Figura 6) que tem 21 metros de comprimento por 7 de largura. Sua altura é de aproximadamente 12 metros. A platéia era disposta em sete filas de dez cadeiras. No fundo do teatro, cerca de três metros acima do chão, havia uma pequena cabine de projeção que continha a mesa de iluminação e um projetor. Havia dois jogos de luz: um abaixo, colocado um pouco antes da galeria, e outro acima, um pouco antes do palco superior. Dispunha-se sempre de um variado

Figura 6 – Teatro Terapêutico de Beacon.

esquema de iluminação em que eram usadas as cores branco, vermelho, verde, azul e âmbar.

O vasto traçado do palco permite uma grande área para a movimentação expressiva dos atores e facilita o arranjo das cenas. De modo simbólico, esses círculos poderiam representar, por exemplo, as esferas terrestres ou celestes. A galeria ou balcão, que corresponde a um quarto do palco, poderia ser usada por uma pessoa que representasse o papel do texto, enquanto do outro lado ficariam os aspectos simbólicos associados à cena.

Quanto às galerias, pode-se ainda pensar naquela relação que existia entre céu e terra no teatro medieval – a galeria seria o céu e o palco a terra – e imaginar aquela relação entre o horizontal e o vertical que existia no teatro japonês.

O palco poderia ser transformado conforme os objetivos estabelecidos. Por exemplo, na encenação de Mefistófeles, este ficaria na galeria e os outros atores nas plataformas, que representariam a terra. Nesse caso, a última plataforma poderia representar a perfeição. Assim, os atores começariam a atuação pelo plano inferior até alcançar gradualmente o palco superior.

Podemos perceber que, nessa concepção de palco, Moreno podia simplificar a montagem, eliminar os excessos. Se em um momento o corpo do ator compõe o cenário, imediatamente depois é o espaço que passa a ter essa função.

Quanto à iluminação, esta também podia ser natural e entrava pela janela, como acontecia no teatro japonês, apresentado no início deste artigo. Também foram criadas cortininhas para essas janelas, mas não para controlar a entrada de luz, como acontecia no teatro Nô. Na verdade, a intenção de Moreno era impedir que as pessoas do lado de fora vissem o que estava acontecendo dentro do palco. Dessa forma, as cortinas eram bem finas para permitir a entrada da claridade.

Agora que já analisamos o modelo de Beacon, gostaria de retomar nosso percurso histórico e falar um pouco sobre o teatro elisabetano e o classicismo francês. Shakespeare foi um grande inovador, além de romper com as unidades de tempo, lugar e ação, impostas pelas regras teóricas baseadas no teatro clássico grego. Na sua obra, os grandes monólogos deram lugar a diálogos curtos e lapidares. Ele era sobretudo um grande poeta. Escreveu peças históricas, para as quais inspirou-se na história da própria Inglaterra, bem como tragédias e comédias. Recebeu grande influência da *commedia dell'arte* italiana, que tinha como inspiração temas populares e era baseada na improvisação, na agilidade física do ator e nas situações burlescas. A peça de Shakespeare, *Otelo*, por exemplo, foi inspirada na obra do italiano Giraldi Cinthio.

Contrapondo-se a esse modelo que feria o tradicionalismo imposto pelas regras clássicas, surge o movimento conhecido como classicismo francês, no qual buscou-se uma retomada do modelo grego. Assim, Racine, por exemplo, além de seguir a tradição neoclássica, buscava inspiração nos temas gregos para criar tragédias como *Fedra*.

Como sabemos, houve uma séria divergência entre os autores franceses do chamado classicismo e as obras de Shakespeare, que desencadeou o renascimento do teatro em Londres, e o classicismo francês baseava-se nas regras instituídas pela poética aristotélica. Shakespeare despreza estas regras e as unidades de tempo e espaço e, ainda, a separação entre os gêneros tragédia/comédia.

Nesse ponto, gostaria de estabelecer uma relação com o trabalho de Moreno. Como no caso dos classicistas franceses, ele se voltou para o passado clássico grego para dali extrair sua idéia de desconstrução de texto, sempre se baseando na *Arte poética* de Aristóteles.

Porém, apesar dessa volta aos temas do classicismo grego, encontramos no teatro francês um certo artificialismo no estabelecimento dessa referência com a tragédia. Diferentemente, Moreno, ao revisitar a *Arte poética* de Aristóteles, valoriza o verdadeiro sentido da tragédia humana e da catarse.

Com a ascensão da burguesia européia, o teatro começou a fazer parte da vida familiar. Promoviam-se jantares em que alguns textos conhecidos eram representados ou criavam-se cenas de improviso. Esse costume de reunir-se em família intercambiando essa relação de espectador e ator era um agradável passatempo. Havia ainda os jogos em que situações eram apresentadas em forma de mímica para que a platéia identificasse o que estava sendo representado.

Os jogos infantis também eram recorrentes. Nas famílias mais abastadas as babás treinavam as crianças quando os adultos não estavam presentes, e assim elas começaram a vivenciar não apenas os temas infantis, mas a teatralizar cenas do mundo adulto. Isso servia como um treinamento social, no qual exercitavam-se os papéis que desempenhariam posteriormente na sociedade.

Foi nesse período que começaram a aparecer os camarotes nas construções dos teatros. Com eles ocorria uma divisão explícita entre os espectadores de diferentes níveis sociais. Além disso, começou a haver uma distinção quanto ao que era agradável ou desagradável de se ver em cena. Ir ao teatro era um evento social, e não cultural; portanto, os temas tratados em cena deveriam ser amenos.

Assim, partimos do teatro grego, amplo, que não fazia distinção de classe nem de temas. Ali eram encenadas tragédias e comédias em que as pessoas vivenciavam as tristezas, as alegrias e o pavor com a mesma intensidade, e chegamos a esse conceito pasteurizado do teatro burguês, o teatro do agradável. Quando Moreno retoma a idéia de catarse do teatro grego e recupera o espaço da platéia participante do teatro medieval, ele ajuda a recuperar o teatro desse estado de pasteurização.

Gostaria agora de falar de uma montagem brasileira, *Vestido de noiva*, de Nelson Rodrigues (1977), e estabelecer uma relação com os três planos de palco estabelecidos por Moreno. Escrita em 1943, a peça teve duas montagens muito significativas, a primeira em 1944 e a segunda em 1976, ambas dirigidas por Ziembinski, com cenário e iluminação do artista plástico Santa Rosa.

O texto concebido por Nelson Rodrigues se desenvolve em três planos: o da realidade, o da alucinação e o da memória. A protagonista Alaíde, à beira da morte após um atropelamento, vive um embate entre a memória e a alucinação. A partir desse conflito acaba reconstituindo os fatos de sua vida real: seduzira o namorado da irmã, Lúcia, casando-se com ele. O marido acaba premeditando sua morte e tenta recuperar o amor de Lúcia, que, após a morte da irmã, inicialmente não aceita a corte do cunhado, mas acaba casando-se com ele. Basicamente é esse o enredo.

É no nível da alucinação que Alaíde se encontra com madame Clessi, uma personagem criada pelo seu imaginário. Trata-se de uma prostituta que fora assassinada pelo amante adolescente, e é por meio dela que todos os elementos da trama se encaixam diante de Alaíde, e, conseqüentemente, da platéia.

O cenário concebido por Santa Rosa obedece a essa distribuição de níveis: o espaço era amplo e contemplava os três níveis propostos pelo dramaturgo: o plano da memória, o da alucinação e o da realidade (Figura 7). No palco concebido por Moreno também vimos que existem esses três estágios, naturalmente utilizados com outro propósito.

Figura 7 – Cenário de "Vestido de Noiva".

Por exemplo, imaginemos que Alaíde, a personagem rodrigueana, fosse uma protagonista de Moreno, ela poderia viver cenas referentes aos planos da memória, alucinação e realidade em cada um dos níveis do palco do psicodrama. Provavelmente, realizaria uma cena de realidade no nível mais próximo ao chão, uma do nível de memória, no intermediário, e, no nível superior, vivenciaria uma cena do plano da fantasia. Ou seja, no palco moreniano reconstituiria sua nova realidade.

Gostaria de finalizar este capítulo mencionando uma frase do inglês Bob Wilson. Apesar de suas encenações privilegiarem a percepção visual e auditiva, em que a interpretação é apenas mais um elemento num teatro que busca a sensorialidade, é importante ressaltar as palavras de um homem do teatro contemporâneo para estabelecer uma relação com o nosso tempo: "Quando o teatro torna-se apenas uma grande situação visual, uma mera ilustração, uma decoração de texto é algo que eu odeio. Para se chegar ao ideal, certamente, não seria lendo muitos livros e discutindo filosofia com os atores. É uma perda de tempo. Eu prefiro sempre fazer algo, provocar e procurar experiências"[4].

E era, de certa forma, esse o propósito de Moreno: "provocar e procurar experiências". E ele sabia que o palco permite essa magia, pois é no espaço do palco que as coisas podem acontecer. Ali existe uma entrega entre o espectador e o ator. É nessa entrega mágica que os gestos, as palavras, as situações ganham uma dimensão grandiosa.

Essa presença do homem no espaço e no tempo presente eterniza o teatro. Por mais que exista tecnologia, a projeção de *slides*, a criação de figuras por meio do *laser*, nada substitui essa presença do homem, atuando diante da platéia, com uma emoção, um gesto que jamais será o mesmo no espetáculo seguinte. E o espectador retém na memória uma imagem, uma fala, um foco de luz, uma emoção compartilhada a partir daquele ato que está acontecendo ali, diante de seus olhos. O elemento fundamental do teatro, portanto, é o homem. Moreno sabia disso, e a grandiosidade dessa descoberta o levou a percorrer caminhos como os que trilhamos nesse percurso histórico.

---

4. Entrevista concedida à revista *Bravo*.

Referências bibliográficas

BERTHOLD, Margot. *História do teatro mundial*. São Paulo, Perspectiva, 2000.

CASTRO, de Consuelo et al. *Teatro vivo: introdução e história*. São Paulo, Abril Cultural, 1976.

HAUSER, Arnold. *História social da arte e da literatura*. São Paulo, Martins Fontes, 1995.

MAGALDI, Sábato. *Iniciação ao teatro*. São Paulo, Ática, 1985.

MORENO, J. L. *O teatro da espontaneidade*. São Paulo, Summus, 1984.

_____. *Psicodrama*. 12ª ed. São Paulo, Cultrix, 1977.

RODRIGUES, Nelson. *Vestido de noiva*. São Paulo, Abril Cultural, 1977.

Os esboços ou croquis das figuras deste artigo são de autoria de Carlos Borba e foram baseados:

Figura 1: Teatro de Dioniso. Ilustração de Nartini da reportagem Ilhas gregas da revista *Viagem e Turismo*, São Paulo, Editora Abril, ano 5, nº 8, edição 46, ago. 1999.

Figura 2: Teatro Kabuki. Baseado na gravura do pintor Masanobu Okamura (1740) do livro *A arte secreta do ator*, de Eugenio Badra e Nicola Savarese. Campinas, Editora da Unicamp, 1995.

Figura 3: Teatro Espanhol. Foto do pátio de representação de madeira da cidade de Almagro, Espanha, no livro *A arte secreta do ator*.

Figura 4: Modelo vienense de palco (Moreno, 1964).

Figura 5: Palco – Modelo de Beacon.

Figura 6: Teatro Terapêutico de Beacon.

Os croquis das Figuras 4, 5 e 6 foram baseados em fotos do livro *Psicodrama*, 12ª ed. de J. L. Moreno. São Paulo, Cultrix, 1997.

Figura 7: Cenário de *Vestido de noiva*. Foto publicada no livro *Vestido de noiva*, de Nelson Rodrigues. São Paulo, Abril Cultural, 1977.

Moreno: contribuições pioneiras na psicoterapia de casais e de famílias

Luis Russo

A psicoterapia de casal e família encontra-se em fase de franca expansão no Brasil. Desde a década de 1970, múltiplas abordagens foram desenvolvidas e garantiram espaço na academia, nas instituições hospitalares e clínicas privadas.

Nos EUA, a modalidade psicoterápica de casal e família teve seu início na década de 1950 (Gomes, 1987: 17), um pouco depois do término da Segunda Guerra Mundial, com o objetivo de se rever a organização e o funcionamento da família como instituição social e fonte geradora e/ou mantenedora da doença mental. O fundamento teórico de sustentação desta forma de tratamento foi a teoria geral de sistemas, criada pelo biólogo Von Bertalanffy (Russo, 1999: 26), que buscava estabelecer pontos de conexão entre as relações dos seres vivos e seu meio ambiente.

As primeiras pesquisas de Von Bertalanffy no campo da biologia remontam à década de 1920, período em que Moreno, em Viena, dava seus primeiros passos no campo da psicoterapia, particularmente no que diz respeito à psicoterapia de casais. Essa técnica terapêutica nasceu quase por acaso, quando Moreno praticava o Teatro da Espontaneidade, no qual eram representadas peças improvisadas com temas extraídos de situações cotidianas. Apesar de não haver conexões com a teoria geral de sistemas – na época nenhuma teoria psicoterápica estabelecia tal ponto de ligação –, Moreno vislumbrava a possibilidade de se estudar e intervir no sofrimento psíquico com a representação dos papéis vividos por um indivíduo em seu universo relacional e imaginário, procedendo a uma análise das interações concretizadas nas cenas criadas pelo protagonista da situação, que eram representadas e dirigidas por um psicoterapeuta.

O que se observa é que Moreno, até mesmo de forma incipiente e sem contar com interlocutores com quem pudesse trocar idéias do ponto de vista científico, já fazia psicoterapia de casal em 1921 (Moreno, 1995: 52). Na década de 1930, os esforços de Moreno culminam na oficialização da expressão "psicoterapia de grupo", na Associação Psiquiátrica Americana, o que ocorreu no encontro conhecido como Simpósio da Filadélfia, realizado em 1932. Ele considerou psicoterapia de grupo como tratamento de grupos concretos, consistindo de sessões terapêuticas, nas quais três ou mais pessoas que tomam parte esforçam-se para resolver problemas comuns. Distinguem-se grupos naturais (a família) e grupos sintéticos (grupos de pacientes numa clínica) (Moreno, 1959: 30).

Sua experiência na entidade correcional fechada de Hudson, situada em Nova York, que cuidava de adolescentes do sexo feminino afastadas de suas famílias por terem cometido infrações do ponto de vista legal, foi o berço da criação de conceitos e práticas fundamentais à abordagem grupal.

Em 1939, Moreno relata, como estudo de caso, a psicoterapia realizada com um casal (Moreno, 1959: 184) no teatro terapêutico do Instituto Moreno em Beacon, Nova York, na qual introduziu egosauxiliares – terapeutas auxiliares que participam representando os papéis vividos pelos envolvidos no problema, sob a orientação de um terapeuta principal.

Em publicação de 1946, Moreno cunha os conceitos de sociodrama (Moreno, 1946: 231), referindo-se ao tratamento de grupo no qual o foco de trabalho são as configurações vinculares dos envolvidos e o átomo cultural (Moreno, 1946: 404), que no caso de um casal destina-se a estabelecer pontos de ligação e complementaridade/ou não-complementaridade (saudável ou patológica) entre os diversos papéis desempenhados por eles na vida conjugal.

Ao escrever este ensaio, reflito sobre as diferentes concepções teóricas existentes no campo atinente ao casal e à família e constato o quanto Moreno foi pouco lembrado – ou esquecido – em suas contribuições para a compreensão e manejo de grupos terapêuticos, incluindo aqui a psicoterapia de casal e família. Acredito que essa situação deve-se em grande parte à sua personalidade, auto-reconhecida como controversa, e que sempre entrou em conflito com as diferentes expressões do mundo acadêmico; porém, suas idéias não mostram nada de controverso; pelo contrário, são universalmente aceitas, como o termo dramatização, que é de domínio público no âmbito das psicoterapias.

Meu propósito neste texto é mostrar um pouco das idéias do autor Jacob Lévy Moreno – que re-conheci revisitando algumas de suas obras como: *Quem sobreviverá?* de 1992, *Psicodrama*, de 1946, 1995 e *Psicoterapia de grupo e psicodrama*, de 1959 – e assinalar a definição dos conceitos e práticas – contudo não é minha intenção abordar tudo o que em psicodrama seja passível de aplicação a essa psicoterapia, ou seja, o que mais me chamou a atenção e considero útil à abordagem psicoterápica de casal e família. Nessas obras, encontrei pesquisas teóricas e protocolos com relatos de experiências clínicas, as quais me mostraram que se Moreno não foi o criador da psicoterapia de casal e família nos moldes como é conhecida hoje, suas contribuições nesse campo foram pioneiras e precursoras dessa forma de abordagem terapêutica. A título de ilustração, descreverei alguns exemplos práticos em que tive oportunidade de constatar a utilidade dos princípios morenianos que me propus pesquisar.

Fragmentos de uma psicoterapia de casal

Um casal procurou-me para psicoterapia. Trazia queixas atinentes ao seu relacionamento como um todo. Pedi a ambos que tentassem descrever o que estavam vivendo.

A esposa falou da dificuldade de ter uma vida privada em sua própria casa, pois, tendo os sogros e a cunhada como vizinhos, enxergava seu lar como uma extensão da moradia dos pais do marido, o que – na opinião dela – complicava a situação; estava a ponto de querer se separar. Suas impressões eram: "[...] não conseguimos mais ficar juntos, se continuar assim, quero me separar, vivemos em uma casa vizinha à dos pais dele [marido] e me sinto invadida, tudo o que fazemos é em função da família dele".

O marido, por sua vez, não conseguia entender os protestos da esposa, pois do seu ponto de vista tudo estava bem; o que ele não podia suportar eram as reclamações. Sua versão era: "[...] não consigo entender do que ela está reclamando; ganhamos uma casa para morar, meus pais e minha irmã nos ajudam em tudo o que precisamos, ela está conseguindo fazer com que ninguém goste dela, inclusive eu".

Em síntese, o problema deles consistia no seguinte: ele era oriundo de uma família com três irmãos, dois casados e uma solteira que vivia com os pais. Todos os membros da família trabalhavam juntos, com exceção da mãe, que cuidava dos afazeres domésticos. Tinham um espectro relacional bastante extenso e intenso, no qual outros grupos (familiares, amigos etc.) se uniam a eles, principalmente nos finais de semana. Ela, filha única de uma família que não tinha o costume de visitar outros parentes com freqüência, possuía uma gama de relacionamento interpessoal muito pobre. Sua atividade profissional era na área de processamento de dados em uma empresa multinacional e passava a maior parte do dia fora de casa.

Como tinham uma filha de quatro anos de idade, deixavam-na aos cuidados da avó paterna, que acabava desempenhando o papel de mãe da menina e também tratava de todos os assuntos referentes à casa deles [do casal], como cuidar da alimentação e vestuário da neta, da faxina da casa etc. Durante o dia, o marido aparecia várias vezes em casa e, como seus pais eram vizinhos, almoçava diariamente com eles e a filha. A esposa só chegava à noite, e tinha muito ciúmes do envolvimento da filha com a sogra e a cunhada; também não aprovava o vínculo de seu marido com a irmã, pois passavam a maior parte do tempo juntos.

Durante a primeira entrevista, estabelecemos os parâmetros que norteariam o tratamento do casal: lidaríamos somente com situações vinculares que envolvessem a relação do casal, não nos atendo a nada que estivesse fora do vínculo. Definidos os limites de ação da psicoterapia, iniciamos as sessões com um levantamento de dados sobre como as queixas trazidas por ambos refletiam as diferentes configurações vinculares do casal.

Moreno considerava útil que entrevistas individuais fossem realizadas com cada cônjuge antes de se iniciar uma psicoterapia de casal, e o terapeuta deveria conhecer "as queixas e os remédios que cada cônjuge tem para o casal" (Moreno, 1946: 387); no caso, não foram necessárias entrevistas individuais. No levantamento das possíveis soluções trazidas pelo próprio casal, tivemos a intenção da esposa em se mudarem de casa para um local mais distante da família de origem do marido; no entanto, na opinião dele, ela deveria se adaptar à vida que levavam.

96

Outra característica do pensamento moreniano quanto ao tema é que, "caso seja necessário, deve-se trazer ao tratamento um terceiro, quarto ou quinto participante no conflito" (Moreno, 1946: 387). Tal procedimento, a meu ver, no que concerne à psicoterapia de casal, é inviável, pois não estaríamos nos atendo mais à relação do casal em si. Porém, no atendimento de uma família, outros indivíduos além da família nuclear poderão ser convidados a participar, por exemplo, avôs e avós, sogros e sogras, tios e tias, empregada doméstica etc., segundo a necessidade e circunstância do andamento da psicoterapia.

O que pôde ser visto como principais pontos de desunião foram: na hora do jantar, quando algum membro – mãe ou irmã – da família de origem do marido aparecia e fazia sugestões quanto ao cardápio, gerando ciúmes na esposa; o fato de a filha do casal, durante todas as tardes – segunda a sexta – ficar sob os cuidados da avó, apesar do consenso entre o casal de que a filha seria mais bem cuidada por um parente do que por uma babá; e os finais de semana, que invariavelmente eram passados no sítio da família de origem do marido.

O ponto básico de aproximação estava nos papéis sexual e de amigos. Ambos declararam sentir muita falta um do outro. A não-complementaridade aparecia nos momentos de compartilharem os papéis parentais – pai e mãe – e de donos de casa, pois ambos deixavam os atributos desses papéis à avó paterna nos cuidados com a casa onde moravam – papel de donos de casa –, pois, para o marido, este estado de coisas era entendido como normal, e a esposa não via a residência como um lugar seu.

Quando pesquisamos a complementaridade ou não-complementaridade dos papéis que o casal vivia em comum, lidamos com o que Moreno definiu como átomo cultural, que tem por objetivos buscar pontos de união nos papéis vividos pelo casal, identificar aqueles em que não há nenhum tipo de complementaridade e não precisa necessariamente haver, como no papel profissional, com determinados amigos etc., e, também, detectar papéis que necessitam ser desenvolvidos, como os parentais, neste caso.

Outro aspecto que enfocamos foi desenvolver no casal um sentimento de pertencimento ao próprio lar, como um local a ser conquistado e apropriado por ambos. Isso foi possível quando o casal conseguiu constatar o excesso de interferência da família de origem do marido – fato que até então era aprovado por ambos, apesar de os motivos serem diferentes e não estarem claros: ela, por um comodismo que facilitava sua vida de mãe e dona-de-casa, podendo ter uma vida profissional sem se preocupar com questões domésticas e funções maternas, fato que a encaminhava para o ciúme; ele, por continuar fixado no papel de filho, sendo cuidado e tendo sua família nuclear tutelada por seus pais.

Essa sensação de pertencimento é uma característica básica de um casal e/ou família, uma espécie de liga invisível pela qual as pessoas estão atadas; é o que Moreno definiu como lugar psicológico (1972: 261). A concretização do lugar psicológico ocorre nas relações conjugais – parentais e sociais (intra e extragrupo) de um grupo natural entre si e com o seu meio –, permeadas por atrações, rejeições e indiferenças. Havendo predominância das atrações, os sentimentos de pertencimento ao grupo e afeto pelos integrantes manifestam-se. No caso de predominarem as rejeições, emerge a hostilidade, e as probabilidades de impressões, sentimentos e percepções de não-envolvimento e afastamento entre os membros do grupo tendem a aumentar.

O que pudemos verificar, no caso desse casal, foi que o lugar psicológico ainda não havia se concretizado. Nos papéis em que havia uma complementaridade saudável – como no sexual e no de amigos –, foi possível a criação desse lugar. O andamento da psicoterapia favoreceu que o casal estabelecesse problemas comuns que teriam de ser resolvidos em conjunto; por exemplo, decidiram que a filha continuaria a ser cuidada pela avó, não se mudariam de casa, mas estabeleceriam critérios mais definidos quanto à forma de aceitar a ingerência de terceiros na família nuclear; eles não se separariam, pois não tinham de fato tal intenção. Uma atividade que decidiram em terapia foi pensar juntos em fazer a reforma da residência, o que envolveria a escolha das cores para pintura da casa, a compra de móveis novos etc.

A psicoterapia de casal e de família, segundo as concepções morenianas, é uma forma de psicoterapia de grupo (natural), que ele chamou de sociodrama. O sujeito do tratamento é o próprio grupo, no qual se pesquisa o *locus nascendi* da doença mental nas inter-relações dos envolvidos. O psicoterapeuta procura conhecer as queixas que o grupo apresenta, bem como o modo de apresentá-las – se todos se manifestam, se um ou mais se colocam como representantes da fala do grupo e de que forma os demais reagem a isso; o modo como se relacionam em circunstâncias diversas, se há isolados no grupo ou se todos estão isolados entre si, se há subgrupos e quais os critérios de vinculação existentes, se esses critérios são conscientes ou não. Para exemplificar esses conceitos, vejamos, a seguir, um fragmento de uma psicoterapia de família que permite a visualização e aplicabilidade dos mesmos no contexto psicoterápico.

Uma sessão de psicoterapia familiar

A família em foco é composta pelo casal e dois filhos – um menino de 14 anos e uma menina de 10, que sofreu uma paralisia cerebral ao nascer e, até o momento deste relato, tem dificuldades motoras (só anda com muletas) e expressa-se por meio de sons – não aprendeu a falar; ela freqüenta uma escola especial e recebe tratamento médico e fisioterápico.

O marido/pai desta família tem uma posição de comando em uma companhia estatal. A esposa/mãe é arquiteta e trabalha em uma empresa de construção civil. Os motivos que trouxeram esse grupo natural para o consultório diziam respeito ao casal conjugal e parental. Quanto aos filhos, eles participaram apenas do início do tratamento, pois apesar das condições de vida peculiares da filha, a família como um todo lidava com a situação de forma saudável, tratavam-na como mais um membro do grupo, independentemente de suas características especiais. A família extensa – parentes em geral – agia de maneira semelhante. Ela (filha), na esfera das relações interpessoais, tinha seu aparato emocional totalmente preservado, o que se caracterizava na sua capacidade de expressar as emoções em termos de atrações, rejeições e indiferenças de forma coerente e sem dificuldades em se fazer entender e compreender os outros concomitantemente.

O filho, que possuía suas funções orgânicas preservadas, demonstrava certa dificuldade em lidar com o nível de exigência do pai, que, se por um lado era compreensivo e tolerante para com a filha, por outro, exigia do filho um desempenho acima da média na escola e em casa. Tal questão foi abordada nas primeiras sessões psicoterápicas, particularmente em uma cena em que pai e filho discutiram sobre o boletim escolar.

Pai: "Suas notas estão péssimas, você precisa se esforçar mais!" (a fala denota irritação e impaciência e é repetitiva, enfatizando sua desaprovação várias vezes). Filho (quando ouve o pai, inicialmente não diz nada, apenas concorda com um aceno de cabeça; porém, como o pai não pára de falar, irrita-se): "Estou fazendo o melhor que posso, e minhas notas não estão ruins, não tenho notas vermelhas, mas você exige sempre que eu tire dez em tudo!".

Em seguida, utilizamos a técnica moreniana de inversão de papéis (Moreno, 1959: 131), na qual o pai assume o lugar do filho, e este, o do pai. Pai (falando como se fosse o filho): "Eu não tenho vontade de estudar tanto quanto você quer, e quando você me cobra, é como se entrasse por um ouvido e saísse pelo outro!". Filho (falando como se fosse o pai): "Você deve fazer o que estou mandando e não discutir comigo!". Aqui a dramatização da cena foi interrompida, sendo o pai questionado pelo terapeuta quanto à crença que justificasse a opinião dele sobre sua exigência para com o filho. Ao que ele (pai) respondeu que foi educado desta forma por seus pais e, no seu modo de ver, deu certo; então, por que não esperar o mesmo do próprio filho?

Após a dramatização da relação pai–filho, a mãe comenta que a atitude de seu marido deve-se ao fato de que ele (pai) espera do filho o que não vai poder exigir da filha; ele concorda (emocionado), diz que vai procurar se reformular e pede ao filho e à esposa que o alertem caso ele volte a reincidir no excesso de exigência, pois admite que não será muito fácil mudar de postura. Depois dessa sessão, trabalhamos somente com o casal.

O agente (Moreno, 1946: 375) da psicoterapia de grupo – no caso, da família – estende-se da figura do psicoterapeuta para o grupo como um todo, definindo o que Moreno conceituou como "princípio da interação terapêutica" (Moreno, 1959: 91), em que qualquer membro pode funcionar como agente terapêutico do outro; o que equivale dizer que o *feedback* dado pela esposa (tratamento supracitado) ao marido sobre o modo como ele agia com o filho foi muito mais importante que qualquer fala do psicoterapeuta naquele momento.

Numa outra fase do tratamento, o casal revive no *setting* psicoterápico uma cena trazida pela esposa e que lhe tinha provocado muito sofrimento: o casal chega em casa para jantar depois de um dia de trabalho; terminado o jantar, ele se senta diante do computador e a esposa quer conversar sobre o dia que passou, as coisas que viveu. Ele não deseja conversar naquele momento; então, ela se chateia, começa a pensar coisas do tipo: "Ele é um grosso, não me ama..." e vai para a cama. Mais tarde, ele chega ao quarto e a procura para uma relação sexual, ela o rejeita e ele não entende o que está acontecendo; eles brigam.

Revivida a situação dramaticamente, foi possível a ambos (casal) conhecerem o que se passava no interior de cada um, bem como as crenças pessoais que sustentaram seus atos naquele caso: ela por ter se acostumado, nos primeiros anos de casamento (quando ainda não tinham filhos), a ser superprotegida (por ele) e a receber atenção integral. Com o passar do tempo o padrão mudou, e isso nunca foi discutido entre eles. Ela sofria em silêncio; ele, por sua vez, estava repetindo um padrão que já havia demonstrado no relacionamento com o filho, de que tudo tinha de ser como ele quisesse e na hora que desejasse, ficando irritado e impaciente quando as coisas não ocorriam deste modo. Encerrada a psicoterapia de família, foi-lhe sugerido que buscasse uma psicoterapia individual; ele assim o fez.

O veículo (Moreno, 1946: 375) ou instrumento terapêutico, conforme os preceitos da psicoterapia de grupo, consiste no uso de métodos dramáticos de ação, que permitam a pesquisa, a identificação e o manejo dos papéis *in situ*, com o objetivo de dar expressão e articular papéis soltos, que não encontram complementaridade ou, quando se a tem, é patológica. Foi este o procedimento utilizado nos exemplos de sessões psicoterápicas aqui citados.

Moreno, em 1934, já se referia à família como um grupo que engloba um casal que contém ao mesmo tempo dois papéis fundamentais: o conjugal e o parental (Moreno, 1972: 260) para definir marido/mulher, pai/mãe e, conseqüentemente, os filhos. Das relações recíprocas entre pais e filhos, delineia-se a pedra angular da vida social. Do desempenho dos papéis parentais podemos extrair – para fins de estudo e compreensão da sociodinâmica familiar – o conceito moreniano de expansividade afetiva (Moreno, 1972: 197),

101

que ele criou ao estudar a dinâmica das relações interpessoais das internas e suas responsáveis na comunidade de Hudson.

Expansividade afetiva refere-se à quantidade de atenção, cuidados, *feedbacks* e orientações que alguém pode dispensar eqüitativamente a determinado número de pessoas, definindo onde se encontra o limite do indivíduo que está desempenhando o papel de "cuidador", identificando que tipo de vivências – pensamentos, sentimentos, sensações – ele experiencia quando este limite é ultrapassado.

Há dois exemplos na literatura psicodramática que ilustram o conceito:

> [...] o de uma mãe cuidando de três filhos com total segurança e tranqüilidade, mas com a vinda de mais filhos [até sete], sua capacidade de dar conta de todos igualmente, distribuindo-lhes a atenção necessária diminui. Ocorre um decréscimo da expansividade afetiva desta mãe; e o exemplo do médico que, durante suas três horas de consulta com dez pacientes, consegue conceder a todos os cuidados necessários a um bom atendimento – como ouvir atentamente o paciente, distinguir o diagnóstico e prescrever o tratamento – e, caso o número de consultas se eleve para 12 ou 15, o médico experimentará fadiga e seus diagnósticos não serão tão seguros, pois seu grau de expansividade afetiva terá sido ultrapassado.

Vamos nos reportar a uma experiência, realizada em um hospital psiquiátrico.

Fragmentos de um olhar psicodramático em psicoterapia ambulatorial

Uma paciente de 38 anos com diagnóstico de transtorno bipolar, após sua alta de internação, foi encaminhada para psicoterapia familiar em decorrência das dificuldades de relacionamento conjugal e também em relação ao vínculo com o filho mais velho, de 12 anos, que poderiam favorecer uma reincidência dos quadros de mania e depressão. Com seus outros dois filhos de dez e sete anos, nenhum problema específico foi observado.

Para a realização da primeira sessão, foi perguntado à paciente quem ela considerava ser importante estar presente ao primeiro encontro. Suas escolhas dirigiram-se para: o marido, a mãe e o irmão caçula, pois, segundo ela, eram as pessoas com quem mais se relacionava cotidianamente.

Em publicação de 1946, *(Psicodrama)*, Moreno recomendava que antes de a primeira situação ser apresentada, pode ser necessário e/ou útil formar uma imagem provisória do átomo social (Moreno, 1972: 204) de cada pessoa envolvida, que se encontra na pesquisa e na identificação das pessoas com as quais a paciente (no caso) se sente mais próxima segundo um critério estabelecido, sendo que acréscimos e/ou alterações no mesmo poderão ocorrer à medida que a psicoterapia prossegue. No caso, começou-se pela paciente identificada, e nos encontros subseqüentes o foco foi dirigido a outros membros da família. Perguntados sobre o que acreditavam ser os problemas daquela família, iniciou-se um tumulto generalizado. Todos falavam ao mesmo tempo, tornando impossível qualquer tipo de comunicação. Poder-se-ia dizer que não apenas a paciente apresentava um quadro bipolar, mas a família (os que estavam presentes) como um todo denotava um padrão de comunicação típico de um quadro de mania.

A primeira tarefa do terapeuta nesse caso foi assinalar o que estava acontecendo e delimitar uma separação das estruturas da família; isto é, definida a importância do papel da mãe da paciente naquele grupo familiar – era a responsável pela cesta básica daquela família (pois o marido da paciente estava desempregado) e pelo cuidado dos netos durante o período de internação da filha –, foi-lhe explicado que uma das medidas que colaboraria no tratamento daquela família seria um distanciamento intencional dela, no que dissesse respeito às suas iniciativas de querer resolver os problemas da filha e do genro. Sua presença seria benéfica para o desempenho do papel de avó, agora de uma maneira nova, sem ter de se ocupar diariamente com as necessidades específicas dos netos, como alimentá-los, checar se tomaram banho etc.

A atividade terapêutica de se separar as estruturas da família identificadas no átomo social construído pela paciente aproxima-se em muito da visão da terapia estrutural de família, criada por Salvador Minuchin. Essa semelhança de coordenadas foi explicada por

Pablo Población Knappe – médico, psicoterapeuta e psicodramatista espanhol, diretor do Instituto de Técnicas de Grupo y Psicodrama de Madrid – em artigo publicado pela *Revista Brasileira de Psicodrama*. Destaco aqui dois aspectos de suas observações:

> [...] a família como sistema grupal, na qual seus membros, os elementos desse sistema, participam através do desempenho de papéis, na criação de uma estrutura relacional que sustenta esse sistema (López-Barberá), e

> [...] nos dois modelos (psicodramático e estrutural) existe uma complementação das pontuações linear e recursiva, como Moreno já assinalava, o papel aparece e se modifica em conseqüência da relação, que, por sua vez, cria o tipo de relação, o que significa dizer que defende como inseparáveis os objetos em relação e as pautas de relação (López-Barberá); Minuchin assinala que uma mudança na estrutura familiar contribui para uma mudança no comportamento individual (S. Minuchin, 1977). (Knappe,1994: 31)

Num outro momento do processo psicoterápico, com o propósito de se lidar mais especificamente com as relações interpessoais da família nuclear, os filhos do casal foram convidados a participar de algumas sessões. Uma das queixas da esposa/mãe é que tinha dificuldades no relacionamento com seu filho mais velho. O que pôde ser verificado foi que ela não conseguia dar conta – atenção, cuidados com higiene, alimentação, colocação de limites etc. – dos três filhos ao mesmo tempo, então solicitava ajuda da mãe (avó das crianças), situação que a indispunha com o marido. Vale constatar que o marido não se esforçava muito para cuidar dos filhos, tinha uma identificação com o filho mais velho, procurando satisfazer todas as suas vontades, tirando, assim, a autoridade da mãe.

Apontadas as condutas dos pais, eles têm tentado agir de modo que um não desautorize o outro na frente dos filhos. No que tange à dificuldade de "dar conta" dos filhos, foi feito um levantamento das circunstâncias em que eles (pais) apresentavam dificuldade no manejo com os filhos, como na hora de ajudarem-nos a fazer a lição de casa ou na decisão de quem brincaria primeiro com o videogame.

O pai acreditava que a atividade de cuidado para com os filhos fosse atribuição específica da mãe. Só então percebeu que ao não participar favorecia a atuação da sogra, que, apesar das boas intenções, terminava provocando mais confusão do que ajudando. A mãe, por sua vez, nunca havia solicitado a participação do marido, por acreditar que ele deveria perceber o problema por si só. A atitude do marido/pai não ocorria apenas por desconhecimento ou crença equivocada do papel de pai, mas também pelo fato de que desde que ficara desempregado, suas ações restringiram-se a ver televisão a maior parte do dia e a estabelecer um contato interpessoal muito pobre com qualquer pessoa. Seu universo relacional circunscrevia-se à família nuclear, sogra, seu pai e seus irmãos. Assinalado este traço, foi-lhe sugerido que buscasse auxílio psiquiátrico.

Após os exemplos supracitados, retomo o propósito inicial deste ensaio para ir ao encontro das conclusões a que cheguei. Moreno enfatizava que em uma abordagem grupal – casal e família – deve-se fazer uma análise das interações (Russo, 1999: 31), de todos os pontos de vista dos envolvidos. Há pelo menos duas maneiras de se obter isto: 1) no aqui-e-agora cronológico e existencial do grupo, no qual o psicoterapeuta lida com o elemento-surpresa, não sabendo que assuntos os participantes trarão ou que estratégia de manejo adotará de antemão. Um psicoterapeuta/psicodramatista hábil, conhecedor do método e do arcabouço das técnicas do psicodrama, tem claro qual é seu objeto de trabalho: as relações intra e interpessoais conforme se manifestem no momento, sejam referentes a questões atuais, do passado ou do futuro dos envolvidos, levando em conta a realidade do grupo no momento presente do *setting* terapêutico; e 2) em sessões pré-estruturadas (Moreno, 1959: 330), nas quais o psicoterapeuta, a par da problemática dos participantes do tratamento, planeja previamente o conteúdo que será abordado na sessão.

O estudo da vida do ser humano em diferentes grupos, suas perspectivas de desenvolvimento e adoecimento no interior daqueles talvez seja a contribuição mais importante de Moreno para as psicoterapias, particularmente quando se trata de casal e família. Segundo ele, o verdadeiro símbolo do teatro terapêutico, em que o indivíduo tem suas primeiras aprendizagens emocionais, é o lar (Moreno, 1995: 75); assim sendo, a família deveria ter um lugar de destaque como grupo a ser estudado e tratado.

Gostaria de elencar algumas questões que fui elaborando ao escrever este ensaio e para as quais ainda não tenho respostas, deixando uma aresta para que outras reflexões sejam feitas a partir delas: 1) se o psicodrama é um método psicoterápico eficaz em atendimentos de casal e família, por que é tão pouco lembrado pela comunidade científica? 2) será que o fato de Moreno ter feito mais psicoterapia ato ou atos terapêuticos levou a comunidade acadêmica a não entender isso como psicoterapia? Mas, então, como ficariam as terapias breves, que têm no ato terapêutico seu caráter mais significativo de brevidade?; e 3) seremos nós (na maioria da comunidade psicoterápica), de algum modo, personalidades controversas, com dificuldades em aceitar um pensamento, uma construção teórica diferente daquela em que aprendemos a acreditar?

Em 1999 realizou-se na cidade de Campos do Jordão, São Paulo, o primeiro encontro brasileiro de terapias grupais, envolvendo as mais variadas tendências da psicoterapia grupal. Creio que iniciativas como essa poderão pouco a pouco aproximar idéias, conceitos e concepções sobre grupos – naturais ou não – de profissionais interessados na busca de resultados para a compreensão e a diminuição de sofrimentos humanos, muitos deles completamente desnecessários.

O privilégio de poder enxergar preceitos psicodramáticos que até então me eram desconhecidos não surgiu do acaso, da sorte ou iluminação pessoal, mas do trabalho e do esforço realizados em um grupo de estudos sobre as idéias de Moreno à luz da atualidade, no Daimon/CER, em São Paulo, que pelo menos há sete anos (período em que dele participei) revê toda a obra de Moreno. Nos debates que lá travamos, aprendi a enxergar de modo mais maduro a potência do método psicodramático, identificando pontos de conexão com outras formas de se pensar o viver grupal, tendo internalizado em mim que a principal contribuição de Moreno foi crer na vida em grupo (natural ou não) como a maior e verdadeira fonte geradora de conhecimento, crescimento e amor por meio das relações interpessoais.

Quero concluir este texto com a fala de um professor e amigo, que em uma das muitas conversas que tivemos sobre Moreno junto com outros colegas e amigos psicodramatistas declarou: " [...] todo e qualquer método funciona, desde que o profissional acredite nele e o(s) cliente(s) acredite(m) no profissional".

Referências bibliográficas

GOMES, José C. V. *Manual de psicoterapia familiar.* Petrópolis, Vozes, 1987.

KNAPPE, Pablo P. "La pareja tridimensional", *Revista Brasileira de Psicodrama*, vol. 2, 1994.

MINUCHIN, Salvador. *Famílias, funcionamento e tratamento.* Porto Alegre, Artes Médicas, 1989.

MORENO, Jacob L. *Fundamentos de la sociometria.* Argentina, Editorial Paidós,1972.

_____. *Psicoterapia de grupo e psicodrama.* São Paulo, Mestre Jou, 1959.

_____. *Quem sobreviverá? – Fundamentos da sociometria, psicoterapia de grupo e sociodrama.* Goiás, Dimensão, 1992.

_____. *Psicodrama.* São Paulo, Cultrix, 1995.

RUSSO, L. "Breve história dos grupos terapêuticos". In: CASTELLO DE ALMEIDA, W. (org.). *Grupos: a proposta do psicodrama.* São Paulo, Ágora, 1999.

Átomo social: o pulsar das relações

Anna Maria Antonia Abreu Costa Knobel

O amor bate na porta
O amor bate na aorta.
Carlos Drummond de Andrade

Há anos interesso-me pela sociometria, julgando que ela pode ser um dos caminhos para a compreensão da clínica. Meu primeiro contato com o teste sociométrico escrito, em suas duas versões, objetiva e perceptual, foi no Grupo da Pio XII, constituído por 12 psicodramatistas[1] que trabalhavam juntos em unidades funcionais, e se reuniam para fazer supervisões autodirigidas. Em 1975, o grupo convidou o dr. Dalmiro Bustos para coordenar uma supervisão, com duração de dois dias. A partir dessa experiência manteve-se em processo de psicoterapia psicodramática, supervisão e estudo por quatro anos.

---

1. Faziam parte do grupo: Anibal Mezher, Anna Maria Knobel, Antonio Carlos Eva, Marcelo Campedelli, Marisa Villela, Miguel P. Navarro, Nairo S. Vargas, Nícia Azevedo, Vania Crelier, Suzy Negrão, Vera Rolim, Vicente Araújo. O grupo se reunia em um consultório na rua Pio XII, daí o seu nome.

Durante esse período foram realizados e analisados no grupo vários testes sociométricos[2]. Encantei-me com a quantidade e a complexidade de dados que este procedimento levanta, e passei a estudar o assunto com entusiasmo. Muitos colegas fizeram o mesmo, e o teste sociométrico teve um grande destaque no movimento psicodramático paulista, sendo aplicado sistematicamente nos grupos de psicoterapia psicodramática e nos cursos de formação (naquela época eu fazia parte da unidade didática de sociometria da Sociedade de Psicodrama de São Paulo).

Utilizamos o teste durante anos, para entender as estruturas dos grupos, a dinâmica das relações e também para descrever o funcionamento psíquico a partir das distorções e transformações que cada um faz de sua situação vincular.

Em 1981, com extenso material clínico, escrevi uma monografia para credenciamento como professor supervisor pela Febrap intitulada: *O teste sociométrico centrado no indivíduo.* Entretanto, como o método revela de modo muito claro e inesperado de que forma cada um aceita e é aceito pelos outros, provocou muitas situações dolorosas difíceis de serem suportadas. Aos poucos a sociometria usada dessa maneira foi sendo deixada de lado como prática e como referencial teórico.

Só recentemente, nas atividades do Grupo de Estudos de Moreno – Daimon, tendo como objetivo de estudo o livro *Quem sobreviverá?,* durante quase cinco anos, me reconciliei com a sociometria e comigo mesma. Retomo aqui seus conceitos fundamentais de forma completamente diferente, utilizando a teoria relacional como facilitadora de mudanças psicológicas e/ou sociais, fazendo o que Hale (1981) chama de *sociometria clínica.*

Uso o conceito de átomo social que, além de descrever as relações, oferece vários recursos integrados para compreender os processos subjetivos que constituem a forma de cada um vivenciar seus relacionamentos ou seu "grupo internalizado". Defino átomo social, apresento suas características, aponto como difere da noção de ma-

---

2. Método criado por Moreno para explicitar as correntes afetivas que circulam entre as pessoas nos grupos, definindo sua posição na estrutura. Mede também a organização e o estágio de evolução do grupo como um todo.

triz de identidade completando o entendimento da vida relacional e, finalmente, por meio de exemplos clínicos[3], mostro como trabalho com esse conceito sociométrico.

O que é átomo social

Os átomos sociais são conjuntos de relações razoavelmente estáveis, que se adensam em torno de algumas pessoas e são tênues em torno de outras. Analisando os resultados da aplicação do teste sociométrico em quase 2 mil pessoas, Moreno (1934) percebeu que para realizar determinados objetivos práticos e/ou afetivos as pessoas se aproximavam e se afastavam. Algumas mobilizavam mais atenção do que outras, tendo mais pessoas e mais interesse afetivo em torno de si. Outras contavam com um número mediano de escolhas, algumas ficavam isoladas, e havia as que eram rejeitadas e expulsas, do convívio. Ele chamou esse fenômeno de *átomo social*. Das muitas definições que deu para essas estruturas, a melhor, a meu ver, é a seguinte:

> O átomo social é uma constelação de forças, atrações, rejeições e indiferenças nas quais várias pessoas estão envolvidas por critério definido [...] não são construções, são redes reais, vivas, cheias de energia, girando em torno de cada homem, em miríades de formas, diferentes tamanhos, constelações e duração. (vol. II: 160)

Inicialmente Moreno pensou que existissem átomos sociais e os átomos culturais. Os primeiros seriam constituídos apenas pela dinâmica das escolhas afetivas, e os últimos por padrões de conduta definidos por papéis. Mais tarde (1951), considerou essa distinção artificial e integrou os afetos aos modelos culturais, contextualizando-os. Diz então: "Cada pessoa no átomo social desempenha um conjunto de papéis, e são estes papéis que dão a cada atração e rejeição seu significado mais profundo e diferenciado" (p. 147).

---

3. Os nomes e as características das pessoas foram alterados, para preservar sua identidade.

Além disso, segundo Hale (1981), ao mapear comunidades inteiras Moreno percebeu que os átomos sociais se entrelaçavam, formando as *redes sociométricas*: estruturas vinculares razoavelmente estáveis, existentes nos grupos, por onde os afetos e as informações fluem. O átomo social se caracteriza então por:

- evidenciar *um fato*: é um conjunto real de relações afetivas mútuas entre pessoas, definidas por variados motivos de escolha (critérios);
- definir, *qualitativamente, a menor unidade social viva*, visto que o ser humano saudável não existe isolado;
- mapear *conjuntos de relações a partir de papéis*: para uma mesma pessoa podem ser determinados, conforme o papel, vários tipos de átomo social:

  - átomo familiar: membros de sua família
  - átomo profissional: pessoas significativas de seu trabalho
  - átomo sexual: quem lhe desperta interesse sexual ou com quem mantém relações sexuais
  - átomo social total: todas as pessoas importantes, segundo vários papéis e critérios;

- poder ser *representado graficamente;*
- poder ser *representado psicodramaticamente* por meio de imagens simbólicas ou esculturas;
- ter *duas direções* de análise:

  - do indivíduo para o grupo – aspecto psicológico do átomo social: como essa pessoa se relaciona com os outros, quem escolhe? Suas preferências são retribuídas? Recebe mais afetos positivos que negativos? Por que escolhe e é escolhido?
  - do grupo para o indivíduo – aspecto coletivo do átomo social: como é a participação da pessoa nas redes sociométricas: faz parte das estruturas grupais? É isolado? Tem acesso aos canais de comunicação? Está em contato com quantas pessoas?

Além disso, Garrido-Martín (1978), sistematizando o pensamento de Moreno, acrescentou ainda as *qualidades* do átomo social:

- *intensidade*: força das atrações e rejeições que circulam no átomo social;
- *expansividade social*: número de pessoas com as quais o indivíduo central do átomo social se relaciona, direta ou indiretamente;
- *equilíbrio*: equivalência na intensidade dos afetos do mesmo tipo, que cada um recebe e sente pelos outros;
- *dinamicidade*: mudanças que ocorrem com o tempo, com a inclusão e exclusão de pessoas.

Átomo social e matriz de identidade

Matriz de identidade e átomo social são dois espaços relacionais distintos, que, às vezes, são confundidos.

Os átomos sociais são conjuntos de relações discriminadas que podem ser percebidas por um observador. São centrados em interesses e atrações mútuas, e neles operam forças estruturais e dinâmicas supra-individuais que interferem nos vínculos, independentemente do esforço ou da vontade de cada um. Moreno (1934) chega a afirmar que as emoções "não existem nas pessoas [...] pertencem aos átomos sociais" (vol. II: 197). Um exemplo mostra isso mais claramente:

Maria vai pela primeira vez a um grupo de estudos, constituído por 12 pessoas. Durante a discussão do tema, discorda bastante das idéias de um dos colegas. Ele aceita com naturalidade suas idéias, e a discussão segue bastante cordial. Sente, entretanto, um estranho clima pesado. Descobre mais tarde, que o colega é um importante professor, cujo livro recém-publicado ela acabara de ler. Fica com a sensação de que havia tido um mau começo no grupo. A admiração de todos por ele (inclusive a dela) alterou seu conforto no grupo naquele dia.

O processo vincular da matriz de identidade define, por sua vez, um modelo gradual de constituição do psiquismo da criança, que vai se dando em sucessivas e complexas adaptações entre a mãe e o bebê.

Como um padrão de desenvolvimento tem duração limitada, é formado por papéis assimétricos e evolui da dependência total para a autonomia, conforme a carga genética, o desenvolvimento biopsicológico e as experiências relacionais. Ocorre entre uma criança imatura e dependente (constituindo-se como psique) e os adultos que cuidam dela. Moreno (1946) define esse processo da seguinte forma:

> Essa co-existência, co-ação e co-experiência que na primeira fase exemplifica a relação do bebê com as pessoas e coisas em volta dele, são características da *matriz de identidade*. Essa matriz de identidade define os fundamentos para o primeiro processo de aprendizado emocional do bebê. (p. 61)

Mais recentemente, Fonseca (1996), visando construir uma teoria de desenvolvimento compatível com a noção moreniana de homem, acrescenta outros aspectos à definição de matriz de identidade. Considera-a como o *locus* da identidade, da tele/transferência e dos papéis. Acrescenta ainda que ela é "o berço da consciência de quem somos e da consciência de quanto valemos". Como essas definições se centram mais na criança, procurando entender o que ocorre com a outra parte da relação, pedi para a mãe de uma menina pequena descrever em poucas frases seu relacionamento com a filha nos três primeiros meses:

> [...] sonhava que eu era ela. Que dormia em seu berço, grande e limpo e era muito bom, precisava estar ali (no primeiro mês).
> [...] não conseguia deixá-la sozinha em qualquer cômodo da casa, não conseguia me separar dela. Dormíamos juntas no segundo e terceiro mês.
> [...] quando *mamávamos*, nos olhávamos profundamente, como se fôssemos uma pessoa.

Fica evidente que a ligação da mãe com o bebê, além de muito intensa, é extremamente peculiar. Para que seu bebê cresça e se desenvolva, ela precisa ser capaz de reconhecer e satisfazer suas necessidades, de forma empática e adequada. Apesar dessa intensa conexão com o(a) filho(a), a mãe desempenha também outros papéis e discrimina essas vivências com o bebê, como "momentos de simbiose". Moreno (1946) afirma a esse respeito: "A mãe tem duas funções: a primeira é agir adequadamente no papel de mãe, a outra

114

é desenvolver uma visão clara das necessidades e do ritmo do bebê, para que ela possa aquecê-lo para aquilo que ele precisa, ajudando-o a funcionar adequadamente" (p. 59).

A matriz de identidade é um constructo teórico, ou seja, um conjunto de hipóteses de Moreno sobre como ele pensa que a criança vive suas primeiras relações. Pode descrever também formas de funcionamento psíquico de adultos que regridem à dependência em processos de psicoterapia. Na matriz de identidade são cunhados na infância, padrões de complementaridade que operam na vida adulta nos átomos sociais. Esses modelos podem funcionar de forma flexível e adequada às situações, definindo um jeito de ser. Neste caso, o sistema relacional deve ser entendido a partir da dinâmica interna do átomo social, que se rege por características próprias, apontadas por Moreno em seu livro *Quem sobreviverá?*, mas até agora pouco instrumentalizadas clinicamente.

Quando aparecem formas estereotipadas e repetitivas de resposta vincular, que pouco têm a ver com o momento, o trabalho deve ser desenvolvido a partir do que Perazzo (1994) chama de "equivalentes transferenciais" e Bustos (1997) de "complementaridade interna patológica". Esses procedimentos são bastante específicos e bem desenvolvidos teoricamente.

Assim, a teoria psicodramática oferece *dois pontos de vistas diferentes* para o entendimento de uma pessoa e para a intervenção clínica, que se complementam, constituindo o que considero dois lados de uma mesma situação. Como uma moeda que tem duas faces que enriquecem sua concepção, da mesma forma a matriz de identidade e o átomo social podem ser entendidos como o verso e o reverso da vida relacional. A primeira considera a história e os processos vinculares que constituem o sujeito; o segundo engloba a vida relacional presente. Penso ainda que a matriz de identidade *não* deve ser chamada de primeiro átomo social da criança ou de átomo social primário, pois o primeiro átomo social da criança é sua família.

Trabalhando com o *status* sociométrico

O *status* sociométrico indica o montante e a qualidade dos afetos que uma pessoa mobiliza em suas relações. Moreno (1934) fez várias observações interessantes a respeito da importância do *status* sociométrico, afirmando que dele depende a força de cada um no vínculo. Verificou que nos grupos as pessoas com mais *status* sociométrico falam mais, começam e terminam a conversa, têm mais iniciativa e comandam a relação.

André, 28 anos, é administrador de empresas e trabalha em um banco, sendo competente e bem-sucedido. É bastante tímido e tem dificuldade de contato social e afetivo.

Conta em uma sessão que foi convidado para ir a um boliche com um grupo de colegas de trabalho. Ninguém sabia jogar direito, foram para aprender e se divertir. Como é um bom esportista desde os tempos de estudante, conseguiu fazer dois *strikes* seguidos, sendo bastante aplaudido por todos. As garotas começaram a brincar com ele, elogiando-o e mostrando-se encantadas com sua habilidade. Sentiu-se muito inibido e ficou mais calado do que sempre, diante desse inesperado prestígio no grupo.

Estava perplexo com a admiração dos outros por sua habilidade para jogar boliche, afirmando na sessão, com irritação: *Que ridículo! Isso é bom para adolescente, já crescemos, quem eles pensam que são?*

Peço-lhe para tomar o papel de dois de seus colegas. Afirma:

Como Pedro: *Não sabia que André é tão decidido e competente.*

Como Lúcia: *Ele é bom... muito bom mesmo...*

Mostra, nessa dramatização, que além de perceber seu sucesso e o respeito dos outros por ele, sente-se discretamente vaidoso com isso. O trabalho psicoterápico centra-se então em entender suas dificuldades em agüentar elogios.

A partir dessa situação, começa a se dar conta de que suas habilidades esportivas poderiam facilitar seus contatos sociais.

Timidamente, começa a falar com as pessoas a seu lado nos aparelhos de ginástica na academia do clube, conversa sobre como fazer os exercícios, sobre índices de tempo e força etc. Como conhece o assunto, é fácil para ele opinar sobre esses temas. Aos poucos vai se sentindo melhor naquele grupo. Um dia é convidado para jogar futebol de salão após o treino. Joga, faz gols e garante um lugar no time. Conquista também novos amigos, com os quais se sente alegre e forte.

O trabalho psicoterápico com André, nesse momento, estimulava o desempenho de papéis ligados ao esporte, nos quais ele é muito bom. A partir deles pode experienciar como é agradável ter um bom *status* sociométrico: ser escolhido, querido e admirado por várias pessoas. Vivenciar uma aceitação autêntica baseada em competência real.

O entendimento das dificuldades de André, centrado na dinâmica da matriz de identidade, já havia sido bastante trabalhado. Em muitas sessões lidamos com sua sensação de fracasso vinculada à falta de validação precoce por parte dos pais. Por ser o terceiro filho, nascido sem ser desejado, e num momento difícil da vida dos pais, André sempre foi visto como um peso, desastrado e tolo. Aprendeu, desde cedo, a disfarçar sua raiva em relação à falta de reconhecimento, dizendo para si mesmo: *quem gosta de aparecer é infantil e ridículo.* Só pôde se dar conta de suas defesas após a melhora real de seu *status* sociométrico no grupo esportivo. A partir daí, as mudanças em sua vida começaram a ocorrer.

Centrar o trabalho psicoterápico com André nas duas vertentes vinculares – matriz de identidade e átomo social –, sem dúvida nenhuma, favoreceu e facilitou seu crescimento. Trabalhar com o *status* sociométrico incluiu, no seu caso, descobrir onde, como e com quem ele era realmente competente; favorecer o desenvolvimento dessa competência nas relações atuais; lidar com as resistências que poderiam impedir a experiência; acompanhar e dar continência para o prazer que sentia em ser aceito nos relacionamentos.

Quando o trabalho psicoterápico é em grupo, o coordenador deve possibilitar diferentes tipos de atividades psicodramáticas para que todos os membros do grupo possam se mostrar competentes e despertar o interesse dos companheiros, conforme já salientei em outro artigo (Knobel, 1996).

Trabalhando com os numerosos papéis presentes no átomo social

Helô é publicitária, tem 40 anos e dois filhos pequenos, Maria de cinco anos e Paulo de dois. Até o nascimento do filho, trabalhava em uma agência de publicidade, tendo alcançado sucesso profissional e um bom salário. Com duas crianças pequenas, sentiu que tudo ficou mais complicado para ela e resolveu se mudar para o interior, imaginando que sua vida seria mais calma e feliz em sua cidade natal, bastante próxima de São Paulo. O marido continuou em São Paulo, indo para lá nos fins de semana.

De início, Helô permaneceu sem trabalhar, organizando a casa e a vida. Procurou escola para os filhos e refez contatos com os amigos do tempo em que ainda morava na cidade. Com o passar dos meses, esta situação se esgotou e ela ficou deprimida, voltando à psicoterapia (há alguns anos fizera um processo individual e de grupo).

Depois de algum tempo, resolveu trabalhar na empresa do pai, um empresário bem-sucedido, mas que estava tendo sérios problemas com a Prefeitura, em virtude de desavenças políticas. Helô, inconformada com a situação, mobilizou vários vereadores, que vetaram um projeto de desapropriação de uma grande área da empresa, evitando uma situação muito difícil que comprometeria o patrimônio da família, fruto de mais de 60 anos de trabalho do avô e do pai.

Seus pais ficaram atônitos com sua capacidade de mobilização e passaram a elogiá-la publicamente. Tudo isso foi o começo de uma série de mudanças: em razão dos contatos com os vereadores, acabou participando ativamente da campanha de um dos candidatos a prefeito. Fez várias peças publicitárias que foram veiculadas na rádio local e nas ruas durante a campanha. Seu candidato se elegeu, e ela acabou sendo convidada para o cargo de assessora de comunicações.

Nessa nova função, trabalha com as pessoas das vilas populares em diferentes campanhas comunitárias. Participa também das atividades culturais da cidade, escrevendo para um dos jornais. Aos poucos, por meio de novos papéis, foi se fortalecendo e se sentindo bem.

Reformulou, na vida adulta, o papel de "boazinha" e compreensiva que sempre tivera na família, achando um novo lugar na cidade: *não é mais a filha do sr. José*, todos a chamam por seu nome. Por meio de capacidades práticas que nunca havia exercido na sua própria terra, cresceu e brilhou com luz própria. Seu marido, um profissional bem-sucedido, brinca que já tem futuro quando se aposentar, é só ir para a cidade, onde tem mulher importante.

Neste exemplo fica claro como a mudança de Helô brotou um tanto por acaso, a partir de novos papéis não contaminados pela dinâmica de passividade e depressão.

Em seu processo psicoterápico, foi fundamental para ela perceber os diferentes critérios que definem para que e por que cada um está com os outros. A "Helô decidida da Câmara dos Vereadores" passou a representar uma metáfora de sua força. Quando começava a desanimar, essa personagem funcionava como um ego-auxiliar[4] que a ajudava a achar novas formas de lidar com seus problemas, conectando-a com a própria energia e capacidade. Isso, além de expandir seu funcionamento psíquico, favoreceu sua espontaneidade. Cabe ao psicoterapeuta marcar e acompanhar o surgimento de um novo papel, ajudando o cliente a mapear tanto suas características sociais como sua forma pessoal de desempenhá-lo. Como os papéis são sistemas organizados de ações oriundas da cultura, que possibilitam também formas de expressão da subjetividade em situações relacionais, eles condensam fatores variados e mutantes em um foco simples e claro.

Além disso, qualquer registro vivencial em um papel se expande para outros papéis do mesmo tipo numa espécie de contágio emocional chamado "efeito cacho". Aos poucos essas ressonâncias atingem todos os papéis, como aconteceu com Helô.

Como nos ensina Castello de Almeida (1982), "existir é co-existir", e o papel, como experiência interpessoal, dá contornos para a espontaneidade e para o funcionamento psíquico.

Trabalhando com a expansividade afetiva do átomo social

Moreno (1934) descobriu que cada pessoa tem uma capacidade definida e constante para realizar trocas afetivas. Chamou a característica de manter certo número de vínculos simultâneos de *expansividade afetiva*. Assinalou mais tarde (1951) que as crianças aumentam gradualmente o número de pessoas com as quais se relacionam, até definir um número ótimo que se mantém razoavelmente estável durante a vida adulta. Mesmo que as pessoas concretas do átomo social mudem, o número delas tende a se manter constante.

---

4. É um dos instrumentos do psicodrama, em geral desempenhado por um terapeuta. Nas sessões bipessoais, o próprio cliente também pode exercer a função desse *alter ego* facilitador, que desempenha papéis de pessoas ou personagens que podem dar um novo enfoque à situação dramatizada.

Com o envelhecimento, há uma diminuição na expansividade afetiva, e o átomo social se empobrece em virtude de perdas vinculares que tendem a não ser preenchidas. Costa (1998) e Mezher (1996) abordam essa questão de forma interessante.

É importante conhecer a expansividade afetiva dos clientes, já que são freqüentes as tentativas psicoterápicas de estimular pessoas com baixa energia para trocas afetivas, a buscar novos relacionamentos, o que, além de aumentar a sensação de impotência, é em geral inútil. Pessoas retraídas já costumam se sentir inadequadas, em razão de certa tendência social de valorizar a extroversão. Muitas vezes o problema não está em ter poucos amigos, mas em não aceitar a própria expansividade de vinculação. Dois exemplos mostram isso:

Luiz, 54 anos, é economista e diretor numa empresa multinacional. Separado, tem dois filhos. Seu átomo social inclui seis grupos:

família atual: dois filhos (Júlia e Paulo)

trabalho: dois colegas, também diretores, e a secretária

amigos: um ex-colega da companhia

família de origem: mãe e irmã, que moram em outro país, pai falecido

relacionamento afetivo: a namorada

outros relacionamentos: seu motorista e os dois filhos da namorada

Total de pessoas significativas: 13

Apesar de conhecer muitas pessoas, Luiz se apega afetivamente a poucas.

Carol: 45 anos, vendedora em uma loja de shopping, casada, tem um casal de filhos. Seu átomo social também inclui seis grupos:

família atual: marido e dois filhos adolescentes

trabalho: oito colegas, dois chefes e 30 clientes regulares

amigos: 18, incluindo os relacionamentos dela e do marido

família de origem: a mãe, três irmãos, três cunhados, nove sobrinhos, três cônjuges deles, dois sobrinhos-netos, duas tias e o pai falecido

ginástica: 10 colegas, com as quais também janta uma vez por mês

parentes do marido: sogra, sogro, a segunda mulher dele, três cunhados, dois concunhados e quatro sobrinhos

Total de pessoas significativas: 108

Carol vive cercada de gente, estando ligada afetivamente a muitas pessoas.

Ambos estão contentes com seus relacionamentos, sentindo-se equilibrados e estáveis socialmente. Entretanto, há grande diferença na estrutura e na dinâmica de seus átomos sociais: a variedade de papéis, o nível de estimulação afetiva e o limite de pessoas necessárias e suficientes para Luiz e Carol são bastante diferentes.

Ao trabalhar com a expansividade do átomo social, o psicoterapeuta deve ajudar cada um a definir com clareza tanto o número de pessoas com as quais consegue se relacionar bem como o tipo e variedade de papéis de que necessita para se sentir estimulado e preenchido socialmente.

Trabalhando com o equilíbrio dos afetos no átomo social

Cláudia, 42 anos, é tradutora de relativo sucesso, trabalhando em casa como autônoma. Casada, tem um filho de 13 anos.

Está em psicoterapia há muitos anos, tendo feito vários processos: psicanálise, psicodrama em grupo e, agora, individual.

Suas cenas dramáticas mais antigas giravam em torno da rejeição e desqualificação de seus pais em relação a sua timidez, extrema magreza e emotividade. Na mais marcante dessas cenas, Cláudia corre atrás do pai, que está saindo de casa, para lhe dar um beijo. Corre por um longo corredor sem conseguir alcançá-lo. Ele fecha a porta da rua sem vê-la, e ela fica chorando desesperadamente, não entendendo por que seu pai, sempre tão gentil com todos, não lhe dá atenção. Sente-se humilhada, triste e muito ressentida. Nesse momento, o foco de sua terapia consistia em nominar e dar continência a suas emoções, o que era feito por meio de duplos[5] que procuravam mostrar, com a maior delicadeza, que além do sofrimento havia muita raiva em seus vínculos. Aos poucos, foi sentindo-se mais segura e afirmativa.

Com o nascimento do filho, Cláudia começa a ampliar um pouco mais os seus relacionamentos: o pediatra, uma empregada duas vezes por semana, as professoras da escola maternal, as mães de outras crianças vão sendo incorporados lentamente. Seu marido, bastante amoroso e pouco crítico,

---

5. Técnica do psicodrama na qual o terapeuta procura expressar os sentimentos que o cliente não consegue incluir em seu espaço psíquico. Fala na primeira pessoa e de forma reflexiva, dando força e validade ao que não pode ser percebido.

121

colabora bastante neste processo, acalmando-a e intermediando as situações mais difíceis. Ela consegue um tipo de contato discreto, sendo vista pelos outros como uma pessoa agradável, porém um pouco altiva.

O seguinte relato, numa sessão recente, mostra como e quando Cláudia começa a modificar sua forma de se relacionar. Conta que nas férias de julho, na praia, a família foi convidada por Luísa, uma vizinha, a participar de uma festa junina. Ela lhe diz: "Nós vamos acender uma fogueira, fazer pipoca e milho cozido, venham até em casa".

Cláudia concorda, sem, no entanto, pensar em ir de fato.

Às 21h30 Luísa bate à porta perguntando por que ainda não tinham ido, estavam esperando por eles. Constrangidos, Cláudia, o marido e o filho acompanham-na. Ao chegarem, vêem que são os únicos convidados. A reunião é muito agradável, e divertem-se muito com os amigos. Ela se sente relaxada e querida, pois Luísa é alegre e sabe desenvolver uma conversa variada e inteligente.

Ao fim desse relato, Cláudia diz reflexivamente: "Tenho perdido muitos contatos com pessoas interessantes, pois hoje em dia rejeito os outros sem querer". Começa a perceber como sua também a rejeição que antes via apenas dos outros em relação a ela.

Ao estudar centenas de átomos sociais sem se referir à história das pessoas, Moreno (1934) descobriu uma tendência ao equilíbrio, entre as emoções "que saem de" e "voltam para" o indivíduo central de um átomo social. Dizendo mais simplesmente, a dinâmica interna dos átomos sociais tende a ser equilibrada: as pessoas escolhem e rejeitam de forma semelhante à qual são escolhidas e rejeitadas. Isso ocorre tão repetidamente, que esta tendência ao equilíbrio pode ser considerada um *fenômeno particular* do átomo social.

Com Cláudia essa dinâmica ficou muito evidente. Em outras pessoas nas quais a agressividade, a rejeição e a violência aparecem sutilmente, é mais difícil perceber esse fenômeno. O psicoterapeuta deve sempre buscar no átomo social de seus clientes os dois pólos complementares dos sentimentos: pessoas rejeitadas atuam como rejeitadoras, pessoas humilhadas tendem também a humilhar, violentados são violentadores.

Em geral, os processos de psicoterapia lidam com o resgate da dignidade e da força dos clientes e terminam quando eles já conseguem responder de forma mais ativa e satisfatória às situações em que se sentiram humilhados ou dominados. O último passo difícil, mas necessário, é cada um chegar a se reconhecer também como capaz de humilhar, dominar e magoar outras pessoas. O destaque que Moreno dá ao equilíbrio dos afetos nos átomos sociais ajuda no trabalho com essa polaridade.

Atualmente essa questão vem sendo levantada e discutida por vários autores: Cukier (1998) fala do contágio psicológico, ou "a passagem de geração a geração das carências fundamentais" (p. 27), Silva & Vecina (1998) mostram, num estudo feito em São Paulo, no Núcleo de Referência às Vítimas da Violência, da Clínica Psicológica do Instituto Sedes Sapientiae, que muitos agressores foram vítimas na própria infância; há crianças/adolescentes que já exercem o papel de agressores contra seus irmãos e até contra seus pais; crianças maltratadas dentro do lar gravam e transmitem às gerações seguintes padrões de conduta e formas de afetividade presentes em seus átomos sociais. Triste repetição que perpetua a violência.

Trabalhando com as mudanças no átomo social

Maísa está em psicoterapia há vários anos. Psicóloga, 54 anos, tem três filhos adultos. Ficou viúva muito cedo, com as crianças pequenas, tendo de passar por sérias dificuldades financeiras e de reorganização da própria vida, lutando para sobreviver.

Durante muito tempo, teve várias amigas de consultório, com as quais sempre contou para deixar os filhos quando precisava, para confidências e para desenvolver projetos de luta diante de uma vida bastante difícil.

Casou-se pela segunda vez há 12 anos. Atualmente, com a diminuição dos encargos econômicos em virtude do crescimento dos filhos e também pelo fato de o marido ter tido grande expansão em seus negócios, deixou de se preocupar tanto com questões financeiras, podendo ter uma vida mais tranquila. Suas amigas de sempre começaram a criticá-la, fazendo uma série de cobranças a respeito de suas novas possibilidades, chamando-a de "burguesa e acomodada". Como ela não se percebia diferente, começou a se sentir mal na relação e trouxe a questão para sua psicoterapia.

Nas sessões apareceu um "pacto" entre ela e as amigas, que valorizava as dificuldades, o despojamento pessoal e nenhuma ambição. Essa atitude as defendia da inveja e dos próprios medos de fracassar. Diante dessa constatação, resolveu sair do grupo de consultório, vivenciando um processo de separação doloroso, mas verdadeiro e necessário. Conseguiu manter a amizade com as colegas, apesar de não desejar mais continuar a tê-las como parceiras de trabalho. Atualmente elas se encontram algumas vezes por ano, colocam os assuntos em dia e se divertem com as próprias diferenças. Cada uma é feliz à sua moda, se querem bem e se validam em suas diferentes formas de ser.

Aguiar (1990) aborda a necessidade de um critério ou projeto dramático comum para manter as relações sintonizadas e produtivas. Quando os projetos existenciais se transformam, e os motivos pelos quais as pessoas permaneciam juntas se esgotam, a separação se impõe.

Reconhecer, apontar e trabalhar as maneiras de terminar parcerias é tarefa psicoterápica tão fundamental quanto possibilitar encontros.

Conclusão

Quero destacar que todas essas formas de trabalhar com o átomo social se misturam e se complementam dinamicamente, pois fazem parte de uma mesma realidade rica e complexa, que inclui muitas pessoas, muitos papéis, muitos desejos, muitas possibilidades. A sociometria lida com esse sistema vincular de forma integrada, podendo oferecer ricos subsídios teóricos para a compreensão e o manejo de situações clínicas.

Concluo comparando o átomo social a um tecido existencial que se constrói vínculo a vínculo, com as cores dos matizes afetivos de cada relacionamento. Há nele certa concretude, possível de ser sentida: quando é forte, nos acolhe e nos dá sustentação e alegria; quando é frágil, nos deixa inseguros, aflitos, com medo e com raiva. Tecer ponto por ponto, durante a vida, as próprias relações é tarefa contínua, às vezes difícil, mas também prazerosa.

A relação com o psicoterapeuta, como um tear, pode dar suporte afetivo para o entrelaçamento dos fios das relações humanas. Cada um é diferente do outro, e no seu conjunto formam a rede vincular que embala e garante a vida, entrelaçando toda a humanidade, pois um fio leva a outro, que leva a outro e assim por diante, num movimento sem fim.

Referências bibliográficas

AGUIAR, M. *O teatro terapêutico. Escritos psicodramáticos.* Campinas, Papirus, 1990.

ANDRADE, C. D. *Antologia poética.* Rio de Janeiro, Record, 1962; 1997.

BUSTOS, D. M. *Actualizaciones en psicodrama.* Buenos Aires, Momento, 1997.

_____. *O teste sociométrico: fundamentos, técnica e aplicações.* São Paulo, Brasiliense, 1979.

CASTELLO, de Almeida, W. *Psicoterapia aberta: o método psicodramático.* São Paulo, Ágora, 1982.

COSTA, E. M. S. *Gerontodrama: a velhice em cena.* São Paulo, Ágora, 1998.

CUKIER, R. *Sobrevivência emocional, as dores da infância revividas no drama adulto.* São Paulo, Ágora, 1998.

FONSECA, J. *Psicodrama da loucura: correlações entre Buber e Moreno.* São Paulo, Ágora, 1980.

_____. "Ainda sobre a matriz de identidade". *Revista Brasileira de Psicodrama,* 4(2): 21-34, 1996.

GARRIDO-MARTÍN, E. *J. L. Moreno: psicologia do encontro.* São Paulo, Duas Cidades, 1984.

HALE, A. E. *Conducting clinical sociometric explorations: a manual for psychodramatists and sociometrists.* Roanoke, Royal Publishing Company, 1981.

KNOBEL, A. M. A. A. C. "Estratégias de direção grupal". *Revista Brasileira de Psicodrama,* 4(I): 49-62, 1996.

_____. *O teste sociométrico centrado no indivíduo.* Dissertação para credenciamento como professor-supervisor pela Febrap, São Paulo, Sociedade de Psicodrama de São Paulo, 1981.

MEZHER, A. "O átomo social e a morte". Trabalho apresentado no 10º Congresso Brasileiro de Psicodrama, Caldas Novas, Goiás, 1996.

MORENO, J. L. *Autobiografia.* São Paulo, Saraiva, 1989; 1997.

_____. *Psychodrama & Group Psychotherapy.* Vol. 1, American Society for Group Psychoterapy & Psychodrama, Mclean, 1946; 1994.

_____. *Quem sobreviverá? – Fundamentos da sociometria, psicoterapia de grupo e sociodrama.* 3 vols. Goiânia, Dimensão, 1934; 1994.

_____. *Sociometry, experimental method and the science of society: An approach to a new political orientation.* Nova York, Beacon House, 1951.

_____. *Who shall survive? Foundations of sociometry, group psychotherapy and sociodrama*. Nova York, Beacon House, 1934; 1978.

PERAZZO, S. *Ainda e sempre psicodrama*. São Paulo, Ágora, 1994.

SILVA, M. A. S. & VECINA, T. C. C. "Mapeando a violência doméstica". Núcleo de Referência às Vítimas da Violência Doméstica. Trabalho apresentado no 11º Congresso Brasileiro de Psicodrama, Campos de Jordão, 1998.

WINNICOTT, D. W. *Explorações psicanalíticas*. Porto Alegre, Artes Médicas, 1994.

Alegria: energia libertadora

Martha Figueiredo

Introdução

É plantada no centro do palco psicodramático que quero deixar fluir esta reflexão. Há muitos ângulos a partir dos quais podemos perceber, falar, conceituar, escrever. Escolho este lugar, localizo-me no centro do drama humano e dou voz às emoções.

Jacob Levy Moreno abriu inúmeras portas para nossa ação: para a ciência, para a política, para a religião, mas prefiro entrar na porta da expressão espontânea, ou seja, na do teatro espontâneo, da música espontânea, da dança espontânea, da arte espontânea, da escrita espontânea etc. A força do espontâneo-criador é a chave da libertação humana.

Aprendi e treinei-me durante anos na ação e na reflexão dos palcos psicodramáticos, no contato íntimo com a alma do ser humano. Numerosas vivências nas quais trabalhei com todas as formas de expressão levaram-me à certeza de que a alegria é a energia libertadora, é a fonte de onde precisamos beber. A água límpida que brota no seio da mãe Terra é como a alegria que brota no nosso coração.

Tenho visto os psicodramatistas esforçando-se para perceber a relação entre teoria e práxis no psicodrama, teoria considerada pela comunidade acadêmica pouco consistente.

Imbuída na visão de novos valores, de relação, processo, integração e globalidade, esta preocupação não tem me atraído, pois sei que o que importa para o ser espontâneo é saber teorizar, é ter a capacidade de pinçar conceitos e transformá-los a partir da ação; é saber significar cada ato espontâneo-criador que emerge no momento da criação. Neste processo, a mente se estrutura, se torna flexível e assim a teoria faz-se vida. Talvez o ato de teorizar, o papel do teorizador-espontâneo seja um gancho para se compreender melhor a questão teoria *versus* práxis. Para o homem espontâneo, a teoria é a práxis e a práxis é a teoria; não há divisão.

É, portanto, refletindo e processando estas percepções que venho neste momento compartilhar com as pessoas que me lêem. Falo sobre os fundamentos sociométricos dos vínculos que conduzem à alegria e das formas de expressão que possibilitam uma vivência que leva à alegria.

Fundamentos Sociométricos dos Vínculos que Levam à Alegria

Vejo Moreno como o arquiteto de um projeto de difícil execução, por isso é muito fácil desviar-se do plano que propôs. Realizamos no GEM[1] o estudo da obra *Quem sobreviverá?*, de Moreno, e, ao final deste, fiz a seguinte reflexão em forma de solilóquio:

Temo, realmente, não ter ouvido Moreno. Suas contradições e polêmicas nublam nossa consciência. Quero ouvi-lo, Moreno... Ouvir suas duras explicações, sua forma de pensar e ver o mundo. Você diz: "Não sou a sociometria, apenas seu porta-voz" (1970: 106). Não quero ser "hipócrita sociométrico". "E não posso pensar em um mundo no qual sobreviver, onde calor e amizade, verdade e clareza sejam totalmente substituídos por astúcia, inteligência calculista e confiança em que a mídia técnica de comunicação, ou seja, a máquina impressora, possa aniquilar o aqui e agora, a comunicação face a face" (1970: 107).

Você fala em "Sistema Sociométrico", "Teoria Sociométrica", tenta relacioná-los com outros sistemas: psicanalítico, topológico etc. É complexa esta comparação, o espírito do que é a sociometria ainda não foi ouvido. Às vezes, a gente ouve a forma, mas não atinge o espírito de uma música. O sistema sociométrico é uma música. Sinto que ainda não ouvimos o seu espírito e já partimos para a polêmica, a comparação. Você diz: "Não há controvérsia sobre minhas idéias, são universalmente aceitas. Eu sou a controvérsia" (1970: 109).

---

1. Grupo de Estudo sobre Moreno, no Daimon.

Neste momento ouço: a voz da sociometria é a voz do coração, é a voz do poeta buscando um lugar no mundo da ciência. É a voz da pessoa que se recria a cada vínculo; diante de cada aceitação, ou rechaço, ou indiferença, mas que se sabe participante desta rede sociométrica imensa que se chama humanidade. É a compreensão da unidade orgânica e social da espécie humana. Moreno, sei que, às vezes, o aceito, que às vezes o rejeito, e que você não me é indiferente nunca. Eu o aceito quando você me mostra a força do ato-criador e os meios para que isso ocorra, ou seja, a compreensão dos víncu-los e o palco como instrumento de transformação. Eu o rejeito quando você tenta enfatizar demais sua importância como pioneiro, não reconhe-cendo um processo cultural. Mas a todo momento, a cada ato espontâneo, sua presença é constante, não há indiferença nunca. Caibo neste sistema revelado por você? Percebo que caibo em alguns critérios, em outros tenho dificuldade... só sei que daqui do meu canto, no interior de São Paulo, tento ouvir sua voz e tento não distorcê-la, pois o seu Psicodrama, o seu sistema sociométrico me ensinaram a ouvir-me e a ouvir os outros.

Ouvi-lo é ouvir a voz dos que vivem um processo de rejeição: os feios, os pobres, os doentes, os pouco inteligentes, mas sobretudo os que vivem o rechaço, porque falam coisas que a cultura não quer ouvir: os gênios cria-dores. Esta situação sociométrica leva a uma desorganização e a uma luta para ser aceito.

Você falou coisas muito revolucionárias. Sua visão de Deus é uma, você não nega Sua existência, mas derruba toda uma tradição, traz o homem que fecunda, o Deus criador, o Deus-Eu... Você é simplório, é louco, é megalo-maníaco, dizem todos, inclusive você; porém, esta visão do processo cria-dor é que leva à alegria, à cura, à prosperidade, ao amor pela vida.

Este solilóquio me colocou no caminho sociométrico. É sim-ples, ou melhor, parte do simples: eu me vinculo e as pessoas se vinculam a mim. Esta pista é um ponto de partida que nos permite a construção do mapa destas estradas tortuosas ou correntes emocio-nais trilhadas pela humanidade, e que nós, psicodramatistas, tenta-mos compreender e vivenciar nos palcos psicodramáticos. As correntes emocionais são ondas energéticas construídas pela força que contém cada vínculo (aceitação, rechaço, indiferença). A força dos vínculos, em determinada perspectiva como religião, sexo, ideo-logia etc., estrutura correntes psicológicas que conduzem a escolhas do grupo, da comunidade. A aceitação, a rejeição ou a indiferença mais simples que qualquer pessoa realiza e recebe é o elo, o vínculo na rede complexa de relações. É a partir deste ponto que vamos percorrendo as correntes que estes elos estabelecem. Estarmos atentos aos vínculos e, sobretudo, às escolhas, é o marco inicial. Dentro do complexo universo energético em que estamos mergulhados, é a partir de um ponto que vamos nos situando. Descobrir este ponto e se focar nele é o início de uma grande caminhada. Uma música começa com um som, uma dança começa com um gesto, uma pintura com um traço. "Uma caminhada de mil léguas começa com um passo" (apud Puttini & Lima, 1997: 93).

O complexo mundo das relações humanas começa com uma escolha, é a grande "sacada" moreniana. Cada escolha determina um foco e uma zona dentro do processo de consciência. Entendo por zona o campo energético que se irradia a partir de um foco vincular. O foco é o ponto de convergência das escolhas sociométricas. Um foco de luz cria uma aura ao seu redor. Um vínculo pode ser o foco de uma constelação de relações. A dinâmica existencial, conduzida pelas escolhas mediante jogo de papéis, condiciona uma zona emocional na qual cada aceitação, rejeição ou indiferença estabelecem um cenário energético peculiar que estrutura as respostas possíveis. Ser aceito, ser rejeitado, ser indiferente moldam nossas respostas dentro da vida.

Tomamos, por exemplo, o isolado sociométrico, ou seja, aquele que dentro do grupo não estabelece nenhum vínculo. Seu campo emocional lhe permite poucas ações, sua capacidade de respostas criativas luta com dificuldades imensas para ser concretizada; uma aura de tristeza, de frustração, cerca sua pessoa.

Já a alegria, a busca do lado saudável, é a busca de escolhas sociométricas de mutualidade, isto é, duas pessoas que se escolhem mutuamente dentro de um critério. Uma única mutualidade positiva é um impulso para uma participação mais alegre dentro de um grupo. Uma mutualidade negativa possibilita uma capacidade de luta maior, e assim por diante. Estas reflexões fizeram-me perceber a porta sociométrica da alegria, comecei a ver a alegria não como euforia ou o oposto da tristeza, mas como uma corrente emocional que permite a espontaneidade-criatividade fluir. Abrir a porta da alegria é buscar, antes de tudo, mutualidades sociométricas. Tenho percorrido e compreendido as profundezas da dor humana, não fujo delas; apenas agora compreendo de maneira mais global e menos fragmentada o sonho de Moreno. Ser no mundo é encontrar-se, não é analisar-se, ou classificar-se, ser uma estrela. É saber-se participante da espécie humana, deixando fluir naturalmente (como a natureza) a ação espontânea. E, neste desenrolar energético, ir encontrando e desencontrando-se ao sabor das escolhas sociométricas, buscando um *status* sociométrico que embase e garanta a ação do homem no mundo, no aqui-e-agora.

Compreender e percorrer os meandros da dor humana, da tristeza, das depressões, foi o caminho oposto que me fez vislumbrar a porta da alegria. Abri-la não é tão simples, exige uma descoberta bastante totalizante do sentido real da vida. É pela fé no humano, na criatividade infinita do cosmo que uma fresta se abre. Pois assim vamos construindo mutualidades, indo além das diferenças, permitindo que nosso sentido télico oriente nossas escolhas.

Alegria é a perspectiva de crença no ser humano sem cair na ingênua afirmação de que somos bons. Moreno, refletindo sobre os métodos de reconstrução sociométrica, afirmou:

> Este estudo revelou surpreendente verdade de que nosso universo social encontra-se vergado ao peso da agressividade, crueldade, além de sentimento de inveja de todos os tipos, profundamente implantados não apenas nos indivíduos, mas, particularmente, na complexa estrutura de interação social. (1970: 90)

Diante desta visão concreta, testada e medida, descrita no livro *Quem sobreviverá?*, Moreno não abandona sua visão de homem, grupo, sociedade, cosmo; ao contrário, parte para buscar soluções pedagógicas e terapêuticas capazes de transformar esta realidade. Sintonizar com a força da alegria alquimicamente transmuta as forças de tristeza que acorrentam o ser, isso sem cair na ingênua visão romântica de um mundo harmonioso. O processo de transmutação, trabalhado pelos alquimistas, pode servir de metáfora para compreendermos a transmutação emocional que o ser realiza em seu palco interno. A alegria é o cenário emocional que acolhe as forças vitais em conflito, em busca de caminhos mais construtivos.

A relação Moreno–Piaget pode ser vista deste ângulo: Piaget não acreditava que as relações interindividuais sempre favorecem o processo de socialização, não compartilhava deste "otimismo social". Para ele, é necessário fazer clara distinção entre dois tipos de relação social: a coação e a cooperação.

> A relação de coação, como seu nome indica, é uma relação assimétrica, na qual um dos pólos impõe ao outro suas formas de pensar, seus critérios, suas verdades. Em uma palavra, é uma relação em que não existe reciprocidade. [...] As relações de cooperação (co-operação, como às vezes escreveu Piaget para sublinhar a etimologia do termo) são simétricas; portanto, regidas pela reciprocidade. (La Taille et al., 1992: 58-9)

A cooperação é um método que conduz o processo pedagógico da alegria. Ela dá ao grupo a possibilidade de buscar atitudes mais verdadeiras. A coação só possibilita a permanência de crenças e dogmas. A teoria do aprendizado espontâneo que embasa o método do psicodrama estrutura e dá consistência ao processo de cooperação que acompanha a evolução do ato criador. Afirma Moreno: "Teorias bem desenvolvidas da espontaneidade e do processo de aquecimento devem preceder qualquer programa de pesquisa de interação" (1992a: 202). A força e a evolução conquistadas na vivência psicodramática, vivência capaz de tranformar a consciência de personalidades de conteúdo em personalidades de ação, têm sido timidamente apontadas. Esta mudança paradigmática que o psicodrama proporciona é uma contribuição que merece destaque, sobretudo por nós psicodramatistas que lideramos e compreendemos esta proposta. A noção de "técnicas aplicadas" reduz muito a riqueza teórica e prática do legado moreniano. O psicodramatista é o ser espontâneo criador, que atua no mundo, se sabendo participante de uma rede imensa de relações; portanto, converge a atenção para o grupo no intuito de compreender vínculos e transformá-los. O processo de cooperação e de criação acontece no grupo. O grupo guia a consciência da criação, dá força para que sejam vencidos os obstáculos e o caos. Por isso não importa qual seja a ação do psicodramatista no mundo (psicoterapeuta, educador, artista, cientista, empresário, político ou religioso); este cria suas técnicas. O referencial: palco, cenário, cenas, técnicas, diretor, ego-auxiliar, estrutura do grupo, é um referencial internalizado, que permite que os papéis sejam jogados com maiores possibilidades de livre expressão, decisões, cooperação e alegria no processo criador.

A compreensão oferecida pelo grupo é condição fundamental para se viver a alegria, pois a espontaneidade-criatividade se manifesta num clima grupal compartilhado, isto é, em que o espírito de competição moldado pelo paradigma cartesiano transmuta-se em cooperação, dá espaço para a criação. A alegria nasce do sentimento de pertencer, de ser um com todos apesar das diferenças, de se saber mergulhado neste cenário esplêndido, emoldurado pela criatividade da natureza. A terra é o grande palco universal, o cenário criado para que o drama humano possa trilhar a complexa estrada da consciência socionômica, é a proposta pedagógica e terapêutica moreniana. O palco e o teatro são instrumentos pedagógicos por excelência para que a espontaneidade-criatividade, que é a mais complexa estrutura de inteligência, se desenvolva. A flexibilidade dramática é a saúde, e a alegria é o cenário emocional para que o ser espontâneo possa criar. Alegria, do ponto de vista psicodramático, é o cenário emocional que cerca as escolhas sociométricas de mutualidade. Ser espontâneo é ser alegre, e ser alegre leva à espontaneidade-criatividade.

Abrir a porta para a alegria é o primeiro passo para se acompanhar o processo criador de um grupo. Sem uma *troca* (cooperação), a criação se artificializará, entrará num espírito de exibição que favorece mais ao estrelismo do que à busca de soluções criativas. Ser estrela sociométrica não é a posição grupal que cria zona de maior conforto; esta é conseguida, na verdade, pela mutualidade sociométrica. A estrada sociométrica é longa, pois começa no nível do drama humano e nos faz deslocar para o nível da busca do drama divino que acontece dentro de nós.

O grito do artista

Reforço neste ponto de minha reflexão que o caminho para se chegar à fonte da alegria é a formação de um grupo em que as pessoas sintam-se incluídas, em que as leis grupais sejam de cooperação, para que as diferenças de cada um, em potencialidades ou em limitações, encontrem espaço para a livre expressão e para um compartilhar real. O artista que existe dentro de cada ser está gritando por maior espaço de expressão. Segundo Fritjof Capra, estamos vivendo uma crise de percepção. Nossa voz, nossos ouvidos, nossos olhos não vislumbram e não crêem na força do futuro; continuamos nos desgastando em luta, dentro de um mundo cientificista e materialista. Porém a vivência da espontaneidade-criatividade, nas várias formas de expressão, transforma a percepção das pessoas e dos grupos. Todo trabalho de expressão espontânea parte de uma percepção.

- A percepção do drama humano com seus personagens, cenas, cenário e enredo é o caminho para o teatro espontâneo.
- A percepção do corpo, do movimento é um caminho para a dança espontânea.
- A percepção do tempo, do som, ritmos, possibilidades vocais da pessoa, dos sons da natureza é um caminho para a música espontânea.
- A percepção do espaço, das cores, formas, luz, sombra, profundidade, textura é um caminho para a arte espontânea.
- A percepção de imagens e suas configurações no espaço-tempo leva-nos à fotografia, cinema, vídeo.
- A percepção da força da palavra como forma de comunicação oral e escrita leva-nos à poesia e à escrita espontânea.
- A percepção das várias teorias da ciência leva-nos a um pensar sistêmico, à ecologia profunda.
- A percepção dos conflitos e de suas resoluções leva-nos à saúde e à alegria.

E assim, com as inúmeras percepções que somos capazes de desenvolver, todas as conservas culturais tornam-se motivação para novas expressões espontâneas, sejam elas peças teatrais, livros, músicas, filmes, quadros etc. O segredo é saber aquecer-se para aproximar-se do estado espontâneo que possibilita a criação pessoal e grupal; transformar as percepções em linguagens e estruturar a aprendizagem mediante um processamento teórico-existencial. Este procedimento nos insere nos contextos social, político, econômico e religioso de forma ativa e criativa, tornando-nos cidadãos participantes de nossas instituições, de nossa cidade, de nosso país e de nosso planeta. E, desse modo, vamos criando nossas vidas com mais fé e alegria.

Ter podido vivenciar todos os conceitos descritos neste trabalho durante tantos anos como psicodramatista fez-me aumentar a crença na força da metodologia psicodramática para se ser alegre e saudável. Continuo pesquisando o poder da alegria, dentro da expressão espontânea, como proposta pedagógica de transformação e como condição para a construção de uma vida mais saudável para um novo tempo, regido por paradigmas que nos levem à integração e à consciência da inter-relação de todas as coisas. Fazemos parte da teia da vida. Moreno nos diz em *As palavras do pai*:

Não te enganes a ti mesmo
Não permitas que ninguém te engane
Só existe uma pátria: a terra.
Ela é a tua terra pátria.

Nessa terra
Só existe um único povo,
O Meu povo
Ao qual todos os povos pertencem.

Para compreendermos nosso ritual de integração com a grande Mãe Terra e nossa pertinência com toda humanidade precisamos da grandeza da expressão espontânea, do mapeamento pedagógico que nos deu o psicodrama, da força libertadora da alegria, instrumentos capazes de nos fazer tocar a música de um novo tempo.

Referências bibliográficas

CAPRA, Fritjof. *O ponto de mutação*. Trad. Álvaro Cabral. 5ª ed. São Paulo, Cultrix, 1988.

LA TAILLE, Yves de; OLIVEIRA, Marta Kohl; DANTAS, Heloysa. *Piaget, Vygotsky, Wallon: Teorias psicogenéticas em discussão*. São Paulo, Summus, 1992.

MORENO, Jacob Levy. *Psiquiatria do século XX, funções dos universais: tempo, espaço, realidade e cosmos*. Trad. Margit Ellen Irene Reinecke. Apresentado no 2º Congresso Internacional de Psicodrama. Barcelona Espanha, 29/8/39 a 3/9/1966. Brasil, 1970. [Col. As grandes sínteses]

_____. *As palavras do pai*. Trad. José Carlos Landini e José Carlos Vitor Gomes. Campinas, Editorial Psy, 1992a.

_____. *Quem sobreviverá?* – *Fundamentos da sociometria, psicoterapia de grupo e sociodrama.* Vol. I (1992b); Vol. II (1994). Trad. Denise Lopes Rodrigues e Márcia Amaral Kafuri. Vol. III (1994). Trad. Alessandra Rodrigues de Faria, Denise Lopes Rodrigues e Márcia Amaral Kafuri. Goiânia, Dimensão.

PUTTINI, Escolástica Fornari & LIMA, Luzia Mara Silva (orgs.). *Ações educativas: vivências com psicodrama na prática pedagógica.* São Paulo, Ágora, 1997.

PARTE III

O PÚBLICO E O PRIVADO DA HUMANIDADE

Moreno e o beijo na boca: o destino do ser humano

Elisabeth Maria Sene Costa

> Internet, intranet, e-mail,
> teleconferência, celular, intelsat.
> Tudo isso é fantástico.
> Mas como é que (se) beija na boca?

Morei em uma cidade do interior até os meus 18 anos. Quando era criança, algumas vezes me perguntei: "Qual será o meu destino e o das outras pessoas? Como será o futuro da natureza: o céu sempre azul, a floresta verde, os mares e os rios sempre limpos? E esses foguetes da festa de São João, irão incomodar o céu algum dia? Será que as estrelas são outros mundos? E o sol, queimará demais a pele da gente? Que legal essa televisão que chegou em casa! Será que, quando eu for maior, haverá um aparelho que possa fazer com que a gente se comunique uns com os outros?". Perguntas e mais perguntas de uma criança curiosa e inquiridora que buscava respostas e, ao mesmo tempo, o diálogo com os adultos que "sabiam mais".

Com 18 anos vim morar em São Paulo. Muitas coisas novas e desconcertantes me surpreenderam e amedrontaram: a correria das pessoas e dos carros, os ônibus lotados, as plantas e flores sujas de poeira, as máquinas desconhecidas dentro dos bares, o tempo instável – "São Paulo da garoa" –, as bombas estourando nas universidades e nas ruas, ferindo ou matando estudantes, professores, pessoas comuns, os "cochichos" dos mais entendidos em política trocando informações sobre os últimos acontecimentos da Repressão... Que mundo era este? Não parecia o mesmo que havia conhecido até então...

O tempo passou, e os temas ligados ao destino do ser humano, sua capacidade de sobrevivência, sua relação consigo mesmo, com os outros homens, com a natureza, com o poder e com as máquinas continuaram sendo de meu interesse.

Tornei-me médica, depois psicodramatista. Há alguns anos passei a fazer parte do GEM-Daimon[1] e, um dia, começamos a estudar o livro *Quem sobreviverá?*. Na leitura da seção denominada "Livro VI" (do vol. III) que, particularmente, tem o mesmo título do livro, o tema sobre robôs e o poder das máquinas tocou-me mais profundamente do que nas demais leituras que havia feito antes em outros livros de Moreno. Pude constatar o quanto me sentia identificada com as suas reflexões sobre o destino do homem e sua sobrevivência. Além disso, me chamou a atenção, ainda que em menor proporção, o quanto este capítulo que trata da "revolução criativa", da "zoomática", da "cibernética" e do "futuro do mundo" é ignorado ou pouco discutido pelos psicodramatistas em geral.

Nas últimas décadas, historiadores, cineastas, filósofos, sociólogos, antropólogos, cientistas em geral vêm estudando e refletindo amplamente sobre o tema da automação, do destino do ser humano e de sua sobrevivência.

Cumpre ressaltar que Moreno foi um pioneiro nessas reflexões, pois nos idos de 1930 anteviu e escreveu sobre coisas que, hoje, e cada vez mais, assustam e ameaçam a humanidade.

Mas quais são os meus objetivos ao escrever sobre estes temas? Confesso que me assusto em ter me disposto a uma tarefa de grande complexidade. Porém, agora, devo seguir em frente. Inevitavelmente, a análise do assunto aborda diversas vertentes. Proponho-me, inicialmente, a apresentar uma breve história da automação e dar a conhecer o desassossego de alguns pensadores (pós-Moreno) quanto

---

1. GEM: Grupo de Estudos de Moreno que acontece no Daimon: Centro de Estudos do Relacionamento (Moreno, para quem não conhece, é Jacob Levy Moreno, o criador do psicodrama, nascido em Bucareste, Romênia, em 18 de maio de 1889).

às ameaças e aos perigos que o ser humano vem enfrentando e poderá continuar se submetendo no futuro. Em um segundo momento pretendo mostrar um resumo das idéias morenianas, demonstrando o valor de suas profecias e suas propostas de sobrevivência. Por fim, almejo refletir sobre essas proposições tentando demonstrar em que ponto me identifico e me inquieto. E ainda, nesta terceira parte, tento articular ou relacionar o tema da automação e do destino do ser humano com o "beijo na boca".

A automação

O termo "autômato" foi empregado, pela primeira vez, na Inglaterra, em 1625, e estava relacionado à idéia de "inteligência artificial". No entanto, a história da automação propriamente dita começa a ser contada bem antes, por intermédio da mitologia grega.

Dizia-se que Dédalo, ateniense, filho da família real de Cécrope, havia sido um grande ferreiro, escultor, arquiteto e artista capaz de grandes invenções na arte e na indústria primitiva. Ele teria inventado, entre outras coisas, a machadinha, o machado, a serra e, a pedido de Minos, o rei de Creta, o "Labirinto" (construção com inúmeros corredores, salas e caminhos sem saída). Construiu ainda um guardião, tipo robô, que caminhava em toda a ilha, durante o dia inteiro, espantando intrusos.

Outros gregos tiveram também grande importância na história da automação. Conta-se que no século I a.C., Heron, da cidade de Alexandria, notável matemático e engenheiro, costumava construir inventos mecânicos, entre eles os autômatos. Ele foi, inclusive, o primeiro a descrever o hodômetro[2].

Ctesibius (século II a.C.), também de Alexandria, foi conhecido como um "gênio mecânico" pela sua capacidade de inventar uma série de mecanismos engenhosos. Ele é mais lembrado por aperfeiçoar o relógio de água ou "Clepsydra".

---

2. Instrumento para medir distâncias percorridas.

Após o século VI a.C. os gregos vão abandonando o pensamento mítico e criando um novo modo de pensar, racional e filosófico.

Por volta dessa época, Hesíodo, o grande poeta de *Os trabalhos e os dias*, descreve o mito das idades ou das raças, começando pela "raça de ouro", passando pelas idades intermediárias (a da prata, do bronze, dos heróis) e chegando à idade da "raça de ferro", um duro tempo caracterizado por misérias e angústias: "[...] o homem da idade de ferro está movido pelo instinto de luta (*eris*); se a luta se transforma em trabalho, torna-se emulsão fecunda e feliz; se, ao contrário, manifesta-se por meio de violência, acaba sendo a perdição do próprio homem" (Pessanha, 1999: 13).

René Descartes publica em 1637 o *Discurso do método* (1999), em que utiliza a palavra "autômato", referindo-se a este como "máquina móvel" que jamais poderá ser criada pelo homem com a mesma perfeição que Deus fez os seres humanos.

Em 1673 o filósofo e matemático Gottfried Wilhelm Leibniz projeta uma máquina de calcular mais completa, baseada em uma outra, criada pelo cientista e escritor francês Blaise Pascal.

No século XVIII, em 1733, o inglês John Kay inventa uma máquina para o setor têxtil e, em 1769, o escocês James Watt cria a máquina a vapor, que passa a representar o símbolo da Revolução Industrial.

Como se pode ver, desde os primórdios da evolução, o ser humano procura desenvolver máquinas, autômatos ou outros meios que possam tornar sua vida materialmente mais confortável, mais diligente e menos complicada.

O medo

O medo tem se instalado nas pessoas: medo dos perigos que vêm acometendo a humanidade por meio das catástrofes, das mudanças climáticas, das descobertas tecnológicas mal empregadas, da corrida contra o tempo, da destruição da natureza, das condutas egocêntricas, e tantos outros fatores que poderiam ser citados como exemplo.

Muitos estudiosos, que sentem o mesmo e falam por nós, têm levantado questões, apontado e denunciado os riscos e as contradições da civilização moderna. A criação avassaladora dos métodos tecnológicos e dos recursos utilizados para a sobrevivência do ser humano podem vir a ser, em um próximo momento, meios de destruir a própria vida. A seguir cito alguns exemplos.

Aldous Huxley, em 1931, quando escreveu *Admirável mundo novo* (1967), insinuou de maneira fantástica que o *Homo sapiens* sobreviveria a qualquer tipo de perigo, porém perderia completamente suas características de ser humano. No seu romance, entre tantas situações espetacularmente bizarras, ele criou os seres denominados Gamas, Deltas e Ipsilones que, submetidos a um processo denominado Bokanovsky, poderiam germinar e proliferar inúmeras vezes, transformando-se em novos seres. Estes, e outros, tais como os Alfas e os Betas, não seriam mais "humanos", e sim seres robotizados, comandados e condenados a uma escravidão que, paradoxalmente, deixava-os felizes!

C. G. Jung, em 1957, indagava a si mesmo: "O que nos reserva o futuro? [...] O que poderá suceder à nossa cultura e à nossa própria humanidade se as bombas de hidrogênio vierem a ser detonadas, [...]?" (1988: 1).

Em 1959, Kösemihal, baseando-se em escritos morenianos, escreveu que a humanidade sempre tem lutado contra os animais, os flagelos da natureza, como as tempestades, inundações etc. e também contra o próprio ser humano (indivíduos, grupos e sociedades) para manter sua sobrevivência. Como se isso não bastasse, o homem vai atrás de um terceiro inimigo, surpreendentemente criado por suas próprias mãos: as ferramentas, as máquinas, as conservas culturais (mais adiante darei o significado desta última terminologia).

Konrad Lorenz, o pai da etologia (ramo da ciência biológica dirigido ao estudo comparativo do comportamento dos animais e dos homens), costumava dizer que o ser humano é o mais perigoso dentre todos os animais. Ele não somente possui uma agressividade inata, como também pode ameaçar a própria espécie. Em agosto de 1973, em sua obra *Civilização e pecado*, enumera os fenômenos de desumanização, que denominou "os oitos pecados capitais da humanidade civilizada":

1 – a superpopulação da Terra;
2 – a devastação do meio ambiente;
3 – a corrida contra si mesmo;
4 – o desaparecimento dos sentimentos e das emoções;
5 – a degradação genética;
6 – a ruptura das tradições;
7 – o contágio da doutrinação;
8 – o armamento nuclear (que considera não ser o pior perigo da humanidade, comparado aos demais pecados).

Comenta que a humanidade está ameaçada; seu futuro é sombrio. O homem, apesar de todos os progressos adquiridos, pode paradoxalmente arruiná-la mediante um suicídio indolor (pelas armas nucleares) ou por outras formas de destruição do meio ambiente, como envenenamento. Para ele, o essencial é que a sociedade transforme-se radicalmente e reavalie suas características humanas, sendo o primeiro passo o respeito à vida.

O cientista Stephen Hawking (1988) menciona que um dos maiores desafios atuais da física é a procura de uma nova teoria[3], e mesmo que ela venha a existir, não impedirá que as descobertas científicas possam destruir a todos. Enfatiza ainda que uma das grandes revoluções intelectuais do século xx é pensar que o nosso universo é dinâmico, está em expansão e que, assim como teve um início, terá, algum dia, um fim.

Leonardo Boff destaca que nesta era do conhecimento e da comunicação, os computadores, os robôs, a informática representam uma "libertação tecnológica inimaginável", porém pergunta: "Mas a que custo?" (1998: 28).

---

3. Esta teoria unificaria a teoria geral da relatividade (que lida com a força da gravidade e a macroestrutura do Universo e que nos forneceu a energia nuclear) com a mecânica quântica (que trabalha com fenômenos extremamente pequenos da ordem de trilionésimo de centímetro e nos proporcionou a revolução microeletrônica). Para ele, essa nova teoria poderia ser denominada teoria quântica da gravidade.

Blatner chama a atenção para o livro de Lewis Yablonsky intitulado *Robopaths*, de 1972, que fala de uma síndrome com características opostas à espontaneidade, encontrada não somente nos indivíduos, mas também no padrão coletivo.

O comportamento automático, habitual, fixado, compulsivo, rígido, estereotipado, chegando até à esterilidade, é o oposto da espontaneidade. Os comportamentos não-espontâneos compõem grande parte do que chamamos de psicopatologia. [...] "Robopata" é alguém cuja dinâmica básica é a enorme falta de vontade de assumir a responsabilidade de se envolver com novas possibilidades. (Blatner & Blatner, 1998: 78)

Eugene Eliasoph tece comentários sobre a criatividade e a destruição. Numa fala eloqüente, porém não conclusiva, discute o pensamento zen que diz: "Para salvar a vida ela deve ser destruída". E acrescenta:

[...] em cada ato criativo estão as sementes da destruição. [...] A espiral ascendente do progresso na civilização ocidental e as contínuas atitudes criativas com relação ao meio ambiente são talvez as forças verdadeiras que podem definitivamente destruir nossa sociedade [...] A habilidade para quebrar átomos e explodir bombas atômicas pode ser anunciada como uma das realizações mais criativas do mundo! [...] É essencial que reconheçamos os riscos envolvidos no ato criativo, que aceitemos a dualidade da criatividade–destruição.[...] Talvez a filosofia Zen e o homem criativo estejam dizendo que a destruição é ao mesmo tempo o fiasco e o triunfo da criatividade. (1962: 336-8)

Carl Sagan menciona, em um de seus livros:

O século XX será lembrado por três grandes inovações: meios sem precedentes de salvar, prolongar e intensificar a vida; meios sem precedentes de destruir a vida, inclusive pondo a nossa civilização global pela primeira vez em perigo; e percepções sem precedentes da natureza de nós mesmos e do Universo. (1997: 222)

Será que todas essas inquietações mostradas até agora evidenciam que não há saída? Progresso e destruição caminham juntos, lado a lado, um desencadeando o outro? Eu poderia continuar, neste momento, a colecionar frases de livros e demais questões ligadas, fundamentalmente, a tudo aquilo que, ao mesmo tempo, tantas vezes seduz e amedronta o ser humano, e do qual estive falando até agora. Penso, no entanto, que o mais importante é que, por meio desta pequena amostragem, o leitor pode confirmar minha impressão de que muitos teóricos estão, há um bom tempo, preocupados com o futuro da humanidade, com as medidas que poderão ou deverão ser seguidas para evitar os cataclismos e com medo das possíveis conseqüências.

Sinopse das idéias de Moreno

No capítulo ao qual me referi anteriormente ("A revolução criativa"), Moreno discute alguns aspectos importantes, dos quais faço uma síntese apenas no que tange à automação, à sobrevivência do homem e ao destino do mundo. Saliento que, paralelamente, introduzirei algumas definições que possam facilitar a compreensão do leitor não familiarizado com os conceitos morenianos.

A influência das máquinas, em geral, na vida humana, sempre foi, para Moreno, motivo de preocupação e interesse. (Inclusive, como curiosidade, conta-se que foi ele o inventor de um gravador de fio, precursor dos gravadores de fita mais modernos, o qual denominou *radio film* e cuja idéia, segundo seu próprio relato, surgiu mediante um sonho, nos idos de 1925. Sua intenção era utilizá-lo nos seus trabalhos terapêuticos e de pesquisa, e parece que a ida para a América muito tem a ver com esse invento[4]. Outro exemplo que pode ser citado é quanto aos exames de ultra-sonografia. Ele chegou a comentar que, num futuro próximo, seria criado um dispositivo técnico que combinaria os filmes de raios X com as técnicas cinematográficas, possibilitando o estudo direto do embrião no útero da mãe.)

---

4. Para mais detalhes, consultar os livros biográficos.

O título de seu livro *Quem sobreviverá?*, cuja primeira edição foi publicada nos Estados Unidos em 1934 (e a segunda, ampliada, em 1953), e que ele costumava chamar de "A segunda Bíblia" ou "o Novo Testamento" ou ainda "a Bíblia das relações humanas"[5], foi assim definido:

> O significado do título do livro, *Quem sobreviverá?*, é a sobrevivência da criatividade, do universo humano.
> A sobrevivência da própria existência humana está em jogo, e não apenas a dos ajustados – os ajustados e os desajustados[6] estão no mesmo barco. Estes novos inimigos [referindo-se aos robôs], são comuns a todos os homens, e não apenas a um ou a outro grupo; são ameaças à sobrevivência do universo total do homem. (1994: 168)

Numa visão mais abrangente, o livro diz respeito a dois tipos de problemas sociais enfrentados pela raça humana: a relação do homem com outro homem e a relação do homem com os "produtos" inventados por ele mesmo, denominados *animais técnicos, zoômatos*, ou simplesmente *robôs* (termo mais popular).

O primeiro problema social diz respeito à relação entre os homens, o que representa uma ameaça ao seu destino. Segundo Moreno, o ser humano, de todas as raças, apresenta uma grave insuficiência para organizar sociedades que se integrem de forma harmônica. A estrutura social e a estrutura psicológica estão sempre se confrontando de modo tenso, pressionando a organização social que pode se romper, a qualquer momento, apesar de todos os esforços para sua conquista. O desenvolvimento social é influenciado por forças

---

5. A designação "A primeira Bíblia" ou "O Velho Testamento" foi atribuída ao livro *As palavras do pai*.

6. Os termos "ajustados e desajustados" procedem do conceito darwiniano. O inglês e naturalista Charles Darwin publicou em 1859 sua teoria sobre a "seleção natural", na qual tentou mostrar que, a partir de diferenças genéticas entre os indivíduos, alguns poderiam ser mais bem adaptados (ajustados) ao mundo do que outros e, portanto, teriam mais chance de sobreviver e de reproduzir. Isso levaria a uma raça dominante.

de integração e dissociação, existentes em todos os tipos de grupos, e talvez por isso as sociedades sejam tão fracas quanto os indivíduos. No entanto, não se pode dizer, por causa disso, que a sociedade humana deva morrer ou sobreviver desta mesma forma. Uma alternativa é fazer com que o homem utilize-se de recursos inerentes a si próprio – sua espontaneidade e criatividade – para poder estabelecer, de maneira mais articulada, as soluções para o desenvolvimento social. O segundo problema é aquele advindo das máquinas criadas pelo homem. Para uma melhor compreensão dos termos anteriormente citados, esclareço seus significados.

Em 1918, Moreno, comparando as semelhanças entre as funções do robô e do homem, cria os vocábulos: "zoômato" ou "animal zootécnico" (ambos utilizados, muitas vezes, preferencialmente ao sinônimo "robô) e "zoomática" (em vez de "cibernética").

A palavra zoômato origina-se de "zoo", do grego *zoon*, que significa "animal", e "autômato", do grego *autos* = "si mesmo", e *mao*, de "buscar, lutar para".

Zoômato, portanto, quer dizer "animal técnico", em contraposição a "zoóide", termo da zoologia ao qual Moreno faz referência de passagem e que define como "animal vivo".

A palavra "cibernética", cunhada pelo matemático americano Norbert Wiener em 1946, é derivada do grego *kybernetes*, que significa "homem que conduz uma nave". Segundo Kösemihal (1959), o termo cibernética vem do grego antigo *cybernos*, que significa piloto, comandante, líder ou governador. Ela é definida como a "ciência que estuda as comunicações e o sistema de controle não só nos organismos vivos, mas também nas máquinas"[7]. Moreno acha o vocábulo impróprio, pois o robô é uma máquina pilotada pelo homem, vivendo, inclusive, como diz, de "criatividade emprestada" (1994: 176). Para ele, o termo mais propício é zoomática, a ciência que se ocupa das semelhanças entre as máquinas e os organismos humanos.

---

7 Definição transcrita do *Novo dicionário da língua portuguesa*, de Aurélio B. H. Ferreira.

Moreno classifica os robôs em:

- Robô domesticado – todo instrumento ou máquina que serve ou auxilia o homem, como: arado, caneta, livro, máquina de escrever.
- Robô inimigo – todo instrumento ou máquina que age como meio de destruição, como por exemplo: revólver, foguete, a bomba atômica.
- Robô misto – todo instrumento ou máquina que é usado para o bem e para o mal: a faca (uma faca de cozinha, por exemplo, pode transformar-se em arma), o fogo (pode aquecer mas também pode queimar, destruir pessoas e coisas), o automóvel (pode transformar-se em um tanque de guerra), o avião (pode ser usado para viagens a passeio, bem como para a guerra).

Embora usado previamente por Moreno, o termo "robô" foi mesmo cunhado por Karl Czapek, em 1921, na peça *Rossom's universal robots*, e deriva da palavra polonesa *robota* que significa "trabalhar". Moreno faz questão de enfatizar que "animal zootécnico" também significa "destruição" e que, na sua definição, o robô pode tornar-se violento e vice-versa.

Esses animais técnicos podem ter vida autônoma e ser divididos em duas classes: as chamadas *conservas culturais*[8] e as *máquinas em geral*.

Os robôs domesticados, embora sejam "abençoados" porque facilitam a vida humana, também podem levar o indivíduo a uma diminuição de sua necessidade criativa, promovendo uma inércia nesse sentido. Parece que o esforço para a conquista do bem material não se faz mais necessário; como num sonho, a máquina tudo resolveria.

---

8. Termo cunhado por Moreno para designar determinado produto que foi criado e que depois passa a ser guardado, preservado, repetido. É o "produto acabado... uma mistura bem-sucedida de material espontâneo e criador, moldado numa forma permanente". Ex.: a *Bíblia*, as obras de Shakespeare etc. (Moreno, 1975: 158-9).

Os robôs inimigos e mistos podem vir a ser tão perigosos que ameaçariam a sobrevivência do ser humano. Todos esses instrumentos, mais cedo ou mais tarde, poderiam exterminar a raça humana, sem exceção. Além disso, apresentam a capacidade de ser utilizados a distância – o livro, a TV, o rádio podem divertir ou ensinar a distância, bem como o míssil, a bomba atômica podem matar pessoas também a distância. Ao mesmo tempo que a bomba atômica transmitiu a todos os seres humanos um grande ensinamento, mostrando a insensatez das guerras, também apontou a força contida dentro dela e o perigo que representa: uma única bomba pode simplesmente extinguir todas as raças humanas, sem observar diferenças.

Moreno se perguntava, então, o que fazer com esses acontecimentos tão perigosos (e que requerem ação urgente), e propôs que uma nova consciência científica desenvolvesse uma nova ciência, que se denominaria zootécnica e se incumbiria dos animais técnicos, isto é, das máquinas robotizadas.

Para ele, o ponto mais fraco das pessoas é a inaptidão em adaptar-se às máquinas, às "conservas culturais" e aos robôs. À medida que essas forças técnicas vão tomando vulto, há uma necessidade, cada vez maior, de restaurar o próprio homem e o meio ambiente, pois embora elas ainda não tenham atingido o ponto máximo de desenvolvimento, estão progredindo aceleradamente a cada dia, e o fim do ser humano pode vir a ocorrer. Para se adequar a essas forças, ele acredita que existam apenas três possibilidades: a submissão, a destruição real ou uma revolução social.

O *Homo sapiens,* afirma Moreno, é um ser habilidoso em potencial, capaz de inventar máquinas, porém por que teria inventado o robô? Tudo indica que, ao constatar que não possuía um grau máximo de criatividade, abafou seu desejo de criar e transformou-o em vontade de ter poder.

Outra razão moreniana é a da comparação entre Deus e os homens. Se o ser humano tivesse a propriedade de descobrir o que ele representa para Deus, talvez fosse possível ter a resposta quanto à sua necessidade em produzir robôs. Deus precisa de muitos auxiliares para continuar o seu processo de criação. O homem também carece de ajudantes e armas para a defesa contra aquilo que pode representar seu inimigo. Entretanto, é interessante observar, diz ele,

150

que os animais garantem sua defesa simplesmente mediante sua multiplicação. Os ancestrais mais primitivos se satisfazem com a reprodução biológica, mas os homens da atualidade não ficam contentes com isso. Precisam dos robôs. Na tentativa de encontrar causas mais profundas que expliquem esta necessidade tão grande do ser humano em criar a espécie tecnológica, Moreno lança mão do estudo do ego-auxiliar[9].

Todo bebê vive à custa da espontaneidade do outro. Se o ego-auxiliar da criança concentrasse toda sua atenção e espontaneidade no sentido de satisfazer as necessidades do bebê, provavelmente ele se apresentaria diante da criança como um ser perfeito.

Moreno enfatiza que suas observações foram confirmadas pela vivência da criança com suas bonecas. Estas não têm a chamada contra-espontaneidade (característica encontrada somente nos seres humanos), e as crianças podem ser seus donos ("soberanos") absolutos. Os homens criam com mais perfeição robôs do que bebês, e as bonecas são apresentadas às suas donas como os primeiros robôs da existência humana, podendo ser comandadas como também destruídas. Além do mais, é o primeiro contato da criança com a satisfação de ter um robô.

Portanto, Moreno acentua, essa boneca apresentaria duas funções: a de "boneca robô" (*roleplayer* mecânico) – que tanto poderia ser representada por um *autômato domesticado*, que funciona como amiga e companheira da criança, ou por aquela representada por um *autômato inimigo*, com características de objeto de agressividade. Por conseguinte, uma invenção mecânica pode transformar-se em perigo para o homem, que foi, justamente, o seu criador!

Além do mais, embora os robôs sejam os protótipos da criação bem-sucedida, não produzam espontaneidade, sejam inertes e não mudem, diferindo do ego-auxiliar que é um ser espontâneo-criativo, ambos podem fornecer ao indivíduo uma "[...] sensação artificial de

---

9. Palavra técnica do acervo moreniano que representa toda pessoa que está à disposição do bebê, auxiliando-o nas suas necessidades, pronto a lhe atender nos momentos difíceis (falta de colo, fome, dores etc.). Posteriormente, o papel de ego-auxiliar foi ampliado e utilizado em outros procedimentos psicodramáticos.

bem-estar e de poder" (Moreno, 1994: 172) levando-o, inclusive, à sensação megalomaníaca.

A humanidade utiliza-se dos mesmos métodos na criação tanto de produtos culturais como técnicos, e tais meios negligenciam ou abandonam a genuinidade do processo criativo, mantendo a ilusão de que tudo está concluído, perfeito, acabado. Parece que o homem necessita deste procedimento como desculpa para eternizar, conservar, confortar sua alma e manter a ordem natural das coisas dentro da civilização da qual toma parte como cidadão.

Enquanto os produtos mecânicos não eram transformados em "produtos de massa", os homens não apresentavam competidores naquilo que criavam e "conservavam". Moreno tenta explicar esta premissa por um exemplo: um grupo de atores que ensaia uma peça, com precisão, torna-se proprietário daquela mercadoria, tendo como concorrente possível um outro grupo. A apresentação da peça é repetida diversas vezes, e, mediante a repetição, o homem ganha dinheiro. Entretanto, a introdução das máquinas no mercado leva o indivíduo a prescindir da repetição de seus produtos, pois elas fazem isso por ele, de maneira mais eficiente e mais barata.

Em virtude deste fenômeno, no início da Revolução Industrial, o ser humano abandonou a selva animal e passou a enfrentar um novo tipo de ameaça – a "selva de robôs" –, e se pôs a brigar com as máquinas, tentando defender-se delas por intermédio de novas invenções. Um dos exemplos é o socialismo, no qual a situação econômica vigente, com mudanças na produção e distribuição, poderia revelar aspectos mais vantajosos e menos nocivos das máquinas.

Paralelamente às reflexões acima, Moreno fala sobre a eugenia e a tecnologia. Para ele, as duas doutrinas representam a promessa de felicidade para o ser humano, porém ambas vão ao encontro da alienação e anulação da sua capacidade de ser criador.

A eugenia[10] sonha em produzir uma raça mais saudável, composta de deuses e heróis, à semelhança de Deus, que seria obtida pelo aperfeiçoamento genético.

---

10. Ciência que estuda as condições mais propícias à reprodução e melhoramento da raça humana, segundo o *Dicionário Aurélio*.

A tecnologia[11] apresenta seres mecânicos cada vez mais poderosos, mais eficientes e baratos, o que dispensaria o trabalho do homem. (Para Moreno, há quem pense que todo processo criador encerra-se no momento em que a criação nasce; isto é, acredita-se que um livro que acabou de ser escrito, ou uma nova máquina que acabou de ser inventada, podem ser perpetuados e produzidos repetidamente, sem mais precisar do ato criativo humano.)

Tanto uma quanto outra auxiliam o homem no seu atual processo de vida: a eugenia lhe proporciona uma existência organicamente mais saudável e equilibrada, e a tecnologia possibilita maior bem-estar a ele mediante inúmeras descobertas técnicas. Todavia, nenhuma delas lhe fornece a capacidade de determinar qual será o homem que poderá ou deverá sobreviver.

A lei da sobrevivência, salienta Moreno, reconhece três categorias de seres:

- A dos mais fortes – são os indivíduos encarregados de produzir e estimular a defesa e a espontaneidade do sistema biossocial.
- A dos mais ajustados – são aqueles encarregados da "manutenção" do sistema.
- A do criador – como o próprio nome diz, são os criadores; sem eles, os ajustados e os mais fortes nada teriam para, respectivamente, conservar e explorar.

Moreno comenta ainda que se o ser humano tivesse se voltado mais para o adiantamento de sua capacidade cultural, no próprio instante da criação, ele não temeria o progresso das máquinas ou das raças robóticas, um novo período cultural nasceria, e este poderia coexistir com aquelas, salvaguardando assim todas as conquistas técnicas.

Por isso ele destaca que os últimos 150 anos foram marcados por três revoluções sociais:

---

11. Conjunto de conhecimentos, especialmente princípios científicos, que se aplicam a determinado ramo de atividade; a totalidade desses conhecimentos (segundo o mesmo dicionário).

- A econômica – inicia-se com a Revolução Francesa, em 1789, tem seu ápice na Revolução Russa e vai até o final da Primeira Guerra Mundial. Nesse período a máquina é considerada bem-vinda, uma auxiliar e um meio de conforto, poupando, inclusive, trabalho para o homem.

- A psicológica – tem início com o Romantismo, no século XIX, e seu ícone acontece, fundamentalmente, com a divulgação mundial das idéias psicanalíticas. O robô é considerado, nessa fase, um agente de destruição, pois o ser humano perderia o seu valor; os tipos de robôs e sua quantidade poderiam ser multiplicados indefinidamente.

- A criativa – esta época começa com um destaque especial sobre o homem criador, sua sobrevivência e seu sistema de valores. Ela ainda está em estágio de desenvolvimento. Aqui, o robô é percebido em relação ao autêntico ato criativo e adaptado à sua própria posição.

As ameaças que o homem sofre, advindas da relação dele com o outro e dele com as máquinas, deveriam, portanto, ser resolvidas pelo prisma da sociometria[12] e pela revolução criativa, fundamentada na teoria da espontaneidade e criatividade[13], ambas trabalhando em conjunto para obter bons resultados. A sociometria mostrando sua força e integrando os inúmeros átomos sociais[14] que a todo momento são desenvolvidos pelo homem e suas relações. A espontaneidade e a criatividade surgindo como fonte de

---

12. A palavra sociometria faz parte dos conceitos morenianos e advém do grego *metrein* (medir), que significa "a ciência da medida do relacionamento humano". Ela estuda a estrutura psicológica real da sociedade, e um dos métodos empregados para esse fim é o teste sociométrico.

13. Uma das teorias que fundamentam o psicodrama é a da espontaneidade e criatividade.

14. "O átomo social é o núcleo de todos os indivíduos com quem uma pessoa está relacionada emocionalmente ou que, ao mesmo tempo, estão relacionados com ela. [...] Tem uma importante função operacional na formação de uma sociedade." (Moreno 1975: 239)

energia para o ato criador, se espalhando entre todos os seres humanos e impedindo o surgimento daquele que poderia

> [...] converter-se no *criminoso científico* singular, capaz de utilizar meios não só para aniquilar seus companheiros [...], mas toda a espécie humana, o mundo inteiro [...]. Talvez a humanidade necessite de lições ainda mais sérias antes de atingir a revolução "criativa". Talvez seja inevitável a destruição da atual civilização, reduzindo a humanidade a alguns indivíduos e a sociedade humana a poucos átomos sociais dispersos antes que se construam novas raízes. (Moreno, 1994: 174)

Concluindo todo seu raciocínio, Moreno reforça que a sobrevivência humana está em fazer com que o homem não se subjugue às máquinas, que lute com elas utilizando-se de suas próprias capacidades. Há uma maneira melhor de defesa que não emprega meios destrutivos e nem usa programas econômicos: é a prática do ato criativo que se afasta daquilo que é conservador, que não compete com o robô e que está sempre modificando seus produtos. É o homem deixando brotar de si mesmo uma nova personalidade, a do ser criador e espontâneo.

Conseqüentemente, o essencial para Moreno é que o ser humano encarregue-se de seu destino, bem como do destino da humanidade, utilizando seus recursos de criador em potencial. É de suma relevância que ele possa confrontar-se consigo mesmo e com toda a sociedade no *status nascendi*[15] e não limitar-se apenas ao controle das armas (técnico) e do governo (político). Além disso, deve preparar-se para controlar o robô antes mesmo de sua concepção, naquilo que foi por ele denominado de *criatocracia* (Moreno, 1994: 174).

E talvez o homem tenha de desenvolver sua capacidade de viver e sobreviver em dois mundos diversos: o natural, em que a liberdade e o ato criativo são fundamentais, e o industrial, meio

---

15. O *status nascendi* é, para Moreno, um dos ângulos de um mesmo processo (os outros dois são o *locus* e a *matriz*). Diz ele: "Todo e qualquer ato ou desempenho humano tem um padrão de ação primária – um *status nascendi*. Um exemplo é o desempenho do ato de comer..." (ver Moreno, 1975: pp. 107-8).

conservado, preservador, cuja liberdade e criatividade são restritas. Surgiriam, então, raças que se adaptariam melhor à vida natural e teriam dificuldade para conviver no outro meio, porém ambas assegurariam sua sobrevivência: uma como animal zootécnico e outra como criador. Os primeiros seriam escravos e viciados em máquinas, totalmente dependentes dela; os segundos seriam pessoas criadoras, hábeis, peritas na criação das máquinas e não subordinadas a elas.

A partir dessas diferenças, talvez a humanidade, no futuro, venha a desenvolver novas raças que poderão ser capacitadas mediante o treinamento da espontaneidade e da criatividade.

O beijo na boca

Como se inicia um trabalho, que se pressupõe de caráter acadêmico, com aquela frase do começo, propaganda de cigarro em um semanário? E o que ela tem a ver com o título e o conteúdo até agora desenvolvidos?

Releio tudo o que escrevi e me dou conta de que tenho pela frente uma árdua trajetória, se quiser articular coisa com coisa. É uma tarefa difícil e, com certeza, deixarei pelo caminho muitas interrogações, à lembrança daquela criança que ainda existe dentro de mim e que talvez nunca se canse de indagar. Creio também que o leitor terá muitas questões e críticas a fazer. O importante é que este trabalho desperte novas reflexões e que possa ser o *start* de estudos cada vez mais profundos a respeito das ligações do ser humano com ele mesmo, com as pessoas e as máquinas, seu destino e sua sobrevivência.

Quando as máquinas (rádio, aparelho de som, TV, liquidificador etc.) começaram a surgir no Brasil, todas elas apresentavam, em geral, algumas características: entreter crianças e adultos, auxiliar a dona-de-casa no serviço doméstico, facilitar certos trabalhos manuais etc. Comentava-se, quando o rádio surgiu, que muitas pessoas *viviam grudadas* ao seu lado, ouvindo ininterruptamente a sua programação, hipnotizadas pelas vozes dos locutores que eram capazes de promover inúmeras fantasias, levando cada indivíduo a um mundo novo de descobertas.

156

Aos poucos, o ser humano foi transformando seu modo de ouvir e sentir o rádio, não se deixando mais hipnotizar por ele como antes, incorporando-o como um veículo de comunicação prazeroso, informativo e atual, podendo também ser ouvido a certa distância e desligado, quando assim o desejasse.

Quando a TV apareceu, o processo praticamente foi o mesmo, porém mais intenso. As pessoas tinham dificuldade em sair de casa, fascinadas pela "telinha", que também trazia coisas novas e maravilhosas. As fantasias e sonhos desabrochavam e aumentavam.

Vê-se que em ambas as máquinas (tanto no rádio como na TV) havia uma outra característica fundamental: a capacidade de "magnetizar" o indivíduo por determinado tempo de sua vida. Durante um período grande de encantamento pela máquina, não se falava em outra coisa e só se pensava no momento em que haveria disponibilidade para assisti-la.

Moreno dizia que o rádio e a televisão eram inventos tecnológicos "neutros", pois funcionavam como formas improvisadas de expressão e não como barreiras mecânicas ao surgimento da espontaneidade (ao contrário do filme, do livro e do aparelho de som) (Moreno, 1975: 464-6). Sua idéia mudou logo em seguida com relação ao rádio, considerando-o uma conserva radiofônica em razão de influenciar e controlar pessoas. No entanto, nunca chegou a mencionar os aspectos de "magnetização" por mim observados.

Hoje temos mais um "animal técnico" (utilizando-me da expressão moreniana) criado pelo homem: o computador – máquina poderosíssima que permite, por certo prisma, facilitar uma série de caminhos. Um computador se liga a outro, que se liga a mais um, e assim vão formando um conjunto de redes: aparece a internet... Grande parte das pessoas que possuem o aparelho tornam-se embevecidas por sua aplicação. Não fazem outra coisa. É a época da fascinação pelo produto e pela rede. As comunicações particulares, por telefone, tendem a diminuir (e, às vezes, nem mesmo ocorrem pessoalmente). Um "bate-papo" telefônico transforma-se em papo *on-line, virtual* – "e-mail pra cá e e-mail pra lá".

Nosso mundo passa, então, a ser pequeno, quando analisado pelo prisma da internet, pois temos acesso a qualquer lugar, a qualquer pessoa, em qualquer canto da Terra. No entanto, se olharmos pelo prisma do número de informações que podemos receber diariamente, nosso universo é enorme. Não podemos acessá-las todas ao mesmo tempo; não podemos conhecê-las na sua totalidade. O campo irrestrito de informações exige, pelo menos, tempo, compromisso, memória, agilidade; é impossível dar-se conta de tanta coisa...

Paralelamente a isso observa-se outro fenômeno: em pouco tempo (meses, um ano, dois anos?) vemos esses mesmos "novos" computadores tornarem-se obsoletos, e são criadas máquinas mais modernas, mais poderosas. O homem vai, por conseguinte, especializando-se, cada vez mais, na criação e produção de novas máquinas que podem ser "destrinchadas" ou decodificadas em vários aspectos.

Vejam o caso de Bill Gates, da Microsoft (que é apenas um dos inúmeros exemplos que poderíamos citar): este homem dominou o campo da informática, o mundo dos computadores e agora caminha para invadir o universo, para penetrar na órbita espacial, criando e lançando satélites no espaço que, aparentemente, têm o objetivo de proporcionar e facilitar as informações via internet. Mais máquinas, mais dados, mais exigência de conhecimentos, mais comunicação virtual.

Reportando-me a Moreno, pergunto: o que acontecerá com esta incessante criação de máquinas? Pode-se dizer que elas sempre serão criadas para o nosso bem, para o nosso conforto? Daqui para a frente só conseguiremos nos relacionar, uns com os outros, por meio delas? Quais outras questões podem ser levantadas?

Ainda criança, lembro-me da primeira vez que vi no cinema uma máquina que tocava músicas pela simples introdução de uma moeda. Fiquei extasiada! Posteriormente, em outros filmes, comecei a perceber o quanto aquelas mesmas máquinas eram agredidas pelo homem quando não funcionavam. Além de poderem apresentar defeitos (pareciam tão perfeitas...), também podiam ser odiadas e agredidas. Basta que uma máquina não funcione como se deseja, para que o homem se sinta frustrado e irritado e parta para a agressão! Que necessidade de poder tem o ser humano! Tudo ele deseja que funcione segundo o seu mando e sua vontade!

Acho mesmo que, assim como nasceu Jesus – a tão esperada criança que iria trazer luz, paz e perfeição ao mundo –, os pais de ontem e de hoje esperam seus filhos com a expectativa do *ser supremo*. Por mais que tal pensamento possa parecer exorbitância, e que grande parte das pessoas dele discorde, sabe-se que muitos pais comprovam essa premissa com suas atitudes diante dos filhos. Não se deseja apenas felicidade para uma criança que nasce. Espera-se algo maior, grandioso. Isso é ainda mais sentido quando a autoestima dos pais é pequena; mais desejos terão (consciente ou inconscientemente) de que seu filho seja não somente um sobrevivente, mas um ser que possa ter o que eles não tiveram, possa ser o que não foram, não puderam ser, não conseguiram. Alguém que seja melhor e *maior* do que eles. Alguém que tenha o poder, a força, que comande, e não se deixe comandar; que seja chefe, e não subordinado; que tenha poderes divinos, superiores, que seja um ser eminente.

A raça humana é, portanto, composta de indivíduos que geralmente anseiam sobreviver "além da vida" (isto é, não morrer) e anseiam também *o poder* – aquele que, se não foi possível adquirir geneticamente, que, pelo menos, seja alcançado no decorrer da vida.

Vários fatores podem, talvez, explicar a necessidade do indivíduo em criar "seres mecânicos". Provavelmente um deles está diretamente relacionado à sua incapacidade de criar seres humanos absolutamente perfeitos, o que gera frustração e impotência. Se, entretanto, for possível a ele criar máquinas poderosas, esta capacidade o tornará perfeito aos seus próprios olhos e aos dos demais. É como se assim ele pudesse compensar sua imperfeição de não ser capaz de dar existência àqueles. Suas deficiências e seus erros seriam, quem sabe, perdoados ou amenizados, e sua figura, idolatrada. Com as máquinas, o homem pode deixar evidente a si mesmo, e aos outros seres humanos, o quanto o seu poder existe e influencia.

Outro fator provável é que as máquinas podem facilitar nosso trabalho, diminuir o tempo gasto com tarefas desagradáveis, divertir, proporcionar mordomia, tão indispensável no mundo atual, em que a solicitação é intensa e nosso cansaço, um absurdo...

Pode-se também dizer que, muitas vezes, a pessoa não suporta o crescimento do outro, seu alto grau de criatividade, que o ataca diretamente, desenvolvendo a inveja. Então, neste instante, desvia sua criação para o ato destrutivo, tentando ser mais poderoso do que seu companheiro ao lado, ou inventando elementos que possam comprometer sua rotina. Um dos exemplos que pode ser citado aqui é o caso dos chamados *hackers*, *crackers*, bisbilhoteiros e outros nomes mais que, embora com enorme capacidade criativa, utilizam o seu potencial para violar sistemas na internet, interceptar redes, desfazer programas etc. É o homem querendo ser mais poderoso do que a própria máquina, querendo provar a si mesmo e a outro homem que ele é mais capaz, que ele pode destruir, com a maior facilidade, tudo aquilo que foi obtido com pequeno ou muito esforço.

A mitologia grega fala sobre o BEM e o MAL que temos dentro de nós. Segundo os órficos[16], a origem do homem estaria vinculada a um crime: os Titãs, inimigos dos deuses olímpicos, matam Dioniso, o deus-menino. Zeus, seu pai, vinga sua morte, matando, com seus raios, os Titãs e transformando-os em cinzas. Estas constituem, então, a raça humana, marcada, visceralmente, por dupla natureza: dionisíaca e titânica. Ambivalente, o homem é, ao mesmo tempo, uma mistura de forças antagônicas: luz e sombra, bem e mal. E o caminho da salvação, segundo os órficos, é libertar a alma das trevas titânicas, despertando em nós a centelha divina, dionisíaca, que ela abriga.

Portanto, seguindo o mito, o ser humano é esta mistura, é esta imperfeição: em certos momentos mais titânico, em outros mais dionisíaco. Alguns sendo, quase sempre, essencialmente titânicos, e outros especialmente dionisíacos. Esta mistura não é um mal. A quantidade e a qualidade das "cinzas" que se utiliza em cada ato é que pode desencadear desgraças, destruições, violências, catástrofes. Quando Moreno classifica a bomba atômica como um robô inimigo, está demonstrando que quem aperta o botão de seu lançamento é o próprio homem. E, nesta ocasião, com a intenção de atingir o outro, ele não está livre de atingir a si mesmo. A bomba pode destruir qualquer um.

Há um filme de Tony Scott (1995), intitulado *Maré vermelha*, que conta a história da tripulação de um submarino americano que

---

16. Os órficos eram adeptos do *orfismo*, considerada uma religião misteriosa e derivada de Orfeu. Este teria recebido, por meio de poemas musicais, a revelação de certos mistérios, os quais teria transmitido aos iniciados.

tem de decidir, por intermédio do comandante e de seu imediato, entre lançar mísseis nucleares ao inimigo (desencadeando a Terceira Guerra Mundial e causando um verdadeiro holocausto nuclear), ou aguardar a reparação do rádio que trará a mensagem do governo, coibindo ou confirmando o lançamento. Os dois comandantes apresentam pontos de vista divergentes, o que acaba provocando uma crise interna de todos os tripulantes, levando, inclusive, a motins. Aparentemente, ninguém quer ser morto; todos querem sobreviver. Entretanto, há aqueles que estão de acordo em lançar os mísseis, mesmo sabendo que não sobreviverão à guerra nuclear, ou mesmo que, dali a segundos, tenham a chance de sobreviver porque receberam a ordem de não arremessá-los.

Há aproximadamente 70 anos, quando não era ainda época do computador, da internet e nem da ovelha "Dolly", Moreno já se preocupava com o perigo das máquinas e das conservas culturais. Ele já queria, naquele tempo, chamar nossa atenção para o risco da automatização, da robotização. Nas entrelinhas do seu discurso, ele mostra que não é contra as máquinas, mas contra a possibilidade de nos submetermos a elas e de nos esquecermos que somos seres criadores. Se nos deixarmos influenciar pela máquina, endeusando-a e considerando que ela será nossa única salvação e a solução de tudo, estaremos deixando de lado nosso alto poder de criação. Poderíamos nos tornar indivíduos acomodados, preguiçosos, inertes, sonhando com um paraíso onde a máquina faria quase tudo por nós, e nos esforçaríamos muito pouco para alcançar ou conquistar coisas desejadas.

Outro aspecto expressivo, que não podemos deixar de observar, é quanto a certos acontecimentos sociais brasileiros, que vêm ocorrendo há algum tempo. Dois tipos de homens estão tomando rumos distintos, criando talvez, como Moreno ressalta, duas raças humanas diferentes. Alguns, intoxicados pelo caótico da civilização moderna dos grandes centros (poluição sonora, visual, do ar, violência, estresse, robotização etc.), têm corrido para o campo, para o natural, para o puro e autêntico, para um *locus* onde o ato criativo possa evidenciar-se de maneira mais espontânea. Outros aglomeram-se nesses mesmos centros, "globalizam-se", "robotizam-se", participam da maratona louca contra o tempo e a concorrência. Será que esta diversidade, no futuro, é que evidenciará raças e comportamentos sociais?

Temos um lado com o qual nos identificamos? Somos assim ou nos vemos, conforme o momento e a situação, com fragmentos dos dois ângulos? Ou estamos nos tornando robopatas? Quantos de nós não estão viciados em máquinas e ligados o tempo todo neste mundo automatizado? Quantos de nós não se esqueceram do significado do vínculo, da relação humana? Que sobrevivência é esta?

Para sobreviver, salienta Moreno, é necessário criar em um sentido mais amplo (e não somente criar máquinas). A existência humana procura segurança, busca controlar as variáveis do meio ambiente, mas parece esquecer-se de que está, cada vez mais, prisioneira de sua própria criação. Tende a cristalizar-se nos produtos culturais e automatizar-se como as máquinas. Pouco se relaciona com outro ser vivo, humano. Suas redes sociométricas podem ficar comprometidas e sua espontaneidade pode bloquear-se, impedindo que sua criatividade seja liberada.

Para sua própria sobrevivência é necessário que não se entorpeça no ato conservado. Criar, ousar, renovar, inventar, atrever-se são exigências imprescindíveis. Como diz Moreno, mediante a liberação da espontaneidade e da criatividade, o ser humano tornar-se-á um criador, um ser espontâneo, que poderá transformar o cristalizado em algo novo e criativo. Poderá transformar-se em um novo ser.

Se acreditarmos, como diz Hawking, que o Universo está em expansão e que, provavelmente, terá o seu fim em um dia ainda desconhecido, é essencialmente importante que teçamos esforços para que esse fim não se antecipe com as construções mecânicas e demais atos destruidores. Vamos aproveitar a fala de Hesíodo (citada no início deste capítulo) e incitar nosso instinto de luta para aquilo que é fecundo e pode trazer felicidade, e não para as ações violentas e calamitosas.

Infelizmente, a cada dia que passa, mais provas vão surgindo de que estamos promovendo um movimento assustadoramente demolidor do Universo. Estamos poluindo os ares, os mares, os rios, construímos bombas, "vírus", adentramos os céus com nossos foguetes, cortamos árvores e mais árvores etc. A natureza nos fornece calor, alimento, água e tantas outras coisas. Em resposta, nós a destruímos, e o círculo vicioso passa a ocorrer. Quanto mais a desrespeitamos, aniquilando-a, mais ela torna-se ameaçadora, também nos destruindo por meio de suas catástrofes. Na corrida contra o tempo e na corrida para o contínuo e exigido conhecimento das coisas, o ser humano não pensa no dia de amanhã como qualidade de vida. A produção espera resultados, exige compromissos, cobra informação e novas idéias. Temos de fazer, correr, produzir, conhecer, competir, virar máquinas se continuarmos exigindo compromissos tão desumanos de nós mesmos. Vivemos o dia de hoje de maneira hiperativa e desordenada, mas *hoje* sobrevivemos. E *amanhã*?

O elevador não espera, o trânsito consome, o desemprego acontece, todos correm, com cabeças e pernas automáticas – animais zootécnicos de nosso século e do XXI!!! E onde estão ou onde ficaram nossos corações? Parece, inclusive, que a cada dia corremos o risco de nos tornar homens-robôs, insensíveis aos acontecimentos sociais e apáticos aos contatos humanos.

Estamos a ponto, por mais exagero que haja nessa premissa, de não sabermos mais o que é esperança, amizade, amor, aconchego, respeito, cidadania, doçura, pureza, humanidade... luz de lampião, bolo de fubá, banho nas águas claras do rio, flores perfumadas no jardim. Enfim, não temos mais tempo para saber e sentir o sabor existente no beijo, a delícia do BEIJO NA BOCA.

Que significado está encerrado nesta metáfora?

Recentemente, assisti à mais nova aventura cibernética americana: *Matrix – a realidade como você nunca imaginou*, que mostra a ocupação da Terra por máquinas dotadas de inteligência artificial e poderes extraordinários, que se fazem semelhantes ao ser humano. Como quase sempre, esses personagens são seres voltados para o mal, destrutivos, que têm total domínio sobre o planeta e querem exterminar completamente a raça humana. Os (poucos) seres humanos restantes também apresentam excepcionais poderes e, no filme, obviamente houve várias lutas entre os robôs e os homens. O personagem mais importante do filme, o "Escolhido" pelo Oráculo para extinguir os robôs, numa luta acirrada com eles, acaba por morrer. E como em um dos contos da carochinha (em que a princesa beija o sapo e transforma-o em príncipe), um beijo

163

na boca, recebido minutos depois de sua morte (de uma colega de luta, que descobre amá-lo), o faz reviver.

Muitos de nós estão, cada vez mais, aperfeiçoados em vários sistemas de comunicação e codificação: internet, teleconferência, celular, intranet, DVD, e-mail, site etc. Realmente, como diz a propaganda, no início do trabalho, tudo isso é fantástico!

Mas qual será nosso destino? Como aproveitar deste mundo tecnológico, informático, virtual, sem navegar por mares robotizados? Como aproveitar os aspectos positivos de toda essa tecnocracia sem perdermos ou abandonarmos a relação humana, o contato próximo (e não virtual), a simplicidade de contato (e não simploriedade)?

Podemos, sim, usar o virtual para nossa comunicação, mas que possamos também estar sempre atentos às armadilhas que ele poderá nos conduzir, tornando-nos duros, insensíveis, cruéis, fraudulentos, titânicos ou robotizados.

O beijo na boca é, portanto, a expressão metafórica maior, representante do vínculo entre duas pessoas (ou mais). O beijo na boca cria a relação humana; acorda o outro para o "encontro"[17], ou simplesmente para qualquer encontro. O beijo na boca é capaz de reviver a esperança de ter o outro a seu lado, de comunicar-se "cara a cara". Fornece a cada um a certeza da presença, da existência corporal e sensível do outro. O beijo na boca é o toque, o sabor (salgado ou doce) do relacionamento humano. O beijo na boca é a troca, o compartilhar, a transparência do liame. É a propriedade de perceber as coisas e os acontecimentos ao redor. É poder dar, poder receber, sentir o outro visceralmente.

E, para finalizar e fortalecer a expressão do BEIJO NA BOCA, utilizo-me de um fragmento de filme que, em poucas palavras, talvez personifique, com maior clareza, o meu pensamento:

---

17. Para Moreno, "'encontro' significa mais do que uma vaga relação interpessoal. Significa que duas ou mais pessoas se encontram não só para se defrontarem entre si, mas também para viver e experimentar-se mutuamente [...] só as pessoas que se encontram mutuamente podem formar um grupo natural e uma verdadeira sociedade de seres humanos. As pessoas que se encontram mutuamente é que são as responsáveis e genuínas fundadoras da existência humana" (1975: 307-8).

[...] Criamos a época da velocidade, mas nos sentimos enclausurados dentro dela.

A máquina, que produz abundância, tem nos deixado em penúria.

Nossos conhecimentos fizeram-nos céticos; nossa inteligência, empedernidos e cruéis.

Pensamos em demasia e sentimos bem pouco.

Mais do que de máquinas, precisamos de humanidade.

Mais do que inteligência, precisamos de afeição e doçura.

Sem essas virtudes, a vida será de violência e tudo será perdido.

[...]

Não sois máquinas! Homens é que sois![18]

Referências bibliográficas

BLATNER, A. & BLATNER, A. *Uma visão global do psicodrama – Fundamentos históricos, teóricos e práticos*. São Paulo, Ágora, 1998.

BOFF, L. *O despertar da águia – O dia-bólico e o sim-bólico na construção da realidade*. Petrópolis, Vozes, 1998.

BUSTOS, D. M. "Liberdade e escravidão". In: *Liberdade ensaios*. São Paulo, Aleph, 1992.

_____. "El yo en psicodrama: Espontaneidad y adecuacion". *Momento – Revista del Instituto de Psicodrama J. L. Moreno*. Buenos Aires, ano 3, nº 7, 1997.

CASTELLO DE ALMEIDA, W. *Psicoterapia aberta – Formas do encontro*. São Paulo, Ágora, 1988.

COSTA, E. M. S. *Gerontodrama – A velhice em cena. Estudos clínicos e psicodramáticos sobre o envelhecimento e a terceira idade*. São Paulo, Ágora, 1998.

_____. "Algumas considerações teórico-práticas sobre a cena psicodramática". *Psicodrama – Revista da Sociedade de Psicodrama de São Paulo*. São Paulo, ano IV, nº 4, 1992.

CUSCHNIR, L. (org.). *J. L. Moreno – Autobiografia*. São Paulo, Saraiva, 1996.

---

18. Charles Chaplin em "O último discurso", do filme *O grande ditador.*

DESCARTES, R. *Discurso do método, as paixões da alma, meditações*. São Paulo, Nova Cultural, 1999.

ELIASOPH, E. "Comments on creativity and destruction". *Group Psychothera-py*, vol. xv, nº 4, dezembro, 1962.

FERREIRA, A. B. H. *Novo dicionário da língua portuguesa*. 2ª ed. revista e aumentada. Rio de Janeiro, Nova Fronteira, 1986.

FONSECA FILHO, J. S. *Psicodrama da loucura – Correlações entre Buber e Moreno*. São Paulo, Ágora, 1980.

HAWKING, S. W. *Uma breve história do tempo – do Big Bang aos buracos negros*. 5ª ed. Rio de Janeiro, Rocco, 1988.

HUXLEY, A. *Admirável mundo novo*. 2ª ed. Rio de Janeiro, Cia. Brasileira de Divulgação do Livro, 1967.

JUNG, C. G. *Presente e futuro*. Petrópolis, Vozes, 1988.

KÖSEMIHAL, N. S. "Sociometry and cybernetics". *Group Psychotherapy*, Nova York, Beacon, vol. xii, nº 1, março, 1959.

LORENZ, K. *Civilização e pecado – Os oito erros capitais do homem*. São Paulo, Círculo do Livro, 1973.

MARCUSE, H. *Eros e civilização – Uma interpretação filosófica do pensa-mento de Freud*. 3ª ed. Rio de Janeiro, Zahar, 1968.

MARINEAU, R. J. L. *Moreno et la troisième révolution psychiatrique*. Paris, Éditions A. M. Métailié, 1989.

MORENO, J. L. "The place of group psychotherapy, psychodrama and psychoa-nalysis in the framework of creativity and destruction (A reply to Eugene Eliasoph)". *Group Psychotherapy*. Nova York, Beacon, vol. xv, nº 4, de-zembro, 1962.

_____. *Psicodrama*. São Paulo, Cultrix, 1975.

_____. *O teatro da espontaneidade*. 2ª ed. São Paulo, Summus Edito-rial Ltda., 1982.

_____. *As palavras do pai*. Campinas, Editorial Psy, 1992.

_____. *Quem sobreviverá? – Fundamentos da sociometria, psicote-rapia de grupo e sociodrama*. Vols. i, ii e iii. Goiânia, Dimensão, 1994.

PESSANHA, J. A. M. (consultoria). *Os pré-socráticos – Fragmentos, doxografia e comentários*. São Paulo, Nova Cultural, 1999.

SAGAN, C. *Bilhões e bilhões – Reflexões sobre vida e morte na virada do milênio*. São Paulo, Companhia das Letras, 1997.

O público e o privado[*]

Stela Regina de Souza Fava

Tentando fazer o difícil exercício de lançar um olhar global para a obra de Moreno, eu diria que essas noções de público e privado estão sempre presentes e expressas também por conceitos como grupal–individual, papel–pessoa privada, compartilhar–analisar, relacionado–isolado, encontro–introspecção, sociodrama–psicodrama... Nesse sentido, parece que a visão moreniana é de que o público e o privado estão em constante interação, tendo cada um o seu lugar, dialeticamente, a cada momento.

No psicodrama, por exemplo, Moreno criou o espaço do público–contexto grupal e o espaço do indivíduo/protagonista–contexto dramático. Quando o protagonista é um grupo, ele cria um método de abordagem coletiva – o sociodrama.

Vejamos o que diz em seu livro *Psicodrama*, quando descreve o trabalho realizado com vizinhos em conflito, aparentemente pela queda de um muro que dividia seus terrenos, mas que deságua em divergências político-sindicais.

> ...há um limite até onde o método psicodramático pode ir na busca de fatos e na resolução de conflitos interpessoais. As causas coletivas não podem ser tratadas, exceto em sua forma subjetiva [...]. Em seus conflitos (dos vizinhos) estavam envolvidos fatores coletivos, cujas implicações excediam em muito a boa vontade individual no sentido de um mútuo entendimento [...]. Era necessária uma forma especial de psicodrama que projetasse o seu foco sobre os fatores coletivos. Assim foi que nasceu o sociodrama.

---

[*] Publicado na *Revista Brasileira de Psicodrama*, vol. 6, nº 1, 1998.

Sua visão de homem traz a idéia de homem relacionado, ou seja, o ser individual com existência grupal ou coletiva. A existência grupal do indivíduo se assenta sobre seus papéis. No livro já citado, afirma:

> Cada indivíduo vive num mundo que parece inteiramente privado e pessoal, em que ele assume um certo número de papéis privados. Mas os milhões de mundos privados se sobrepõem em grande parte. As porções maiores que se sobrepõem são, na verdade, elementos coletivos. Só as porções menores são íntimas e pessoais. Assim, todo e qualquer papel consiste numa fusão de elementos privados e coletivos. Todo papel tem duas faces, uma pessoal e uma coletiva. (p. 410)

Na sessão de psicodrama, o aquecimento do grupo torna-o parteiro do indivíduo/protagonista que, por sua vez, objetiva a história do grupo por intermédio do seu conto.

Assim, o trabalho dramático traz, por meio do indivíduo apoiado pelo grupo, o drama do social. Se o psicodrama atingir a transformação do indivíduo e do grupo, a transformação do social se torna possível.

Vejamos outro trecho de Moreno, ainda do livro *Psicodrama*:

> Numa sessão psicodramática, a atenção do diretor e de sua equipe concentra-se no indivíduo e em seus problemas privados. Na medida em que estes vão se desenrolando diante de um grupo, os espectadores são afetados pelos seus atos dramáticos na proporção das afinidades existentes entre os seus próprios contextos de papéis e o contexto do papel do sujeito central. (p. 411)

A abordagem grupal no psicodrama interessa-se por um grupo de indivíduos privados, o que em certo sentido torna o próprio grupo privado. Aqui fica clara a necessidade de se trabalhar a ética do grupo de psicodrama, pois, quando uma história pessoal ou uma experiência privada da protagonista é trazida a público, fica evidenciado o drama do próprio grupo.

O que todos levam do trabalho psicodramático para a vida é a transformação/enriquecimento/aprendizagem/cura compartilhados, e não as informações específicas e particulares da pessoa privada do protagonista. O que se traz de fora para dentro de uma sessão de psicodrama é todo e qualquer conteúdo que esteja ligado ao projeto terapêutico ou pedagógico do grupo. E o que se leva de dentro para fora de uma sessão de psicodrama são os resultados (cura e aprendizagem) do processo grupal. Afinal de contas, o protagonista torna público um conteúdo privado, mas para o público ali presente, com quem divide o tempo, o espaço, as angústias, as alegrias, os êxitos, os fracassos, a confiança.

Já no sociodrama, "é o grupo como um todo, que tem que ser colocado no palco", "não como indivíduos privados mas como representantes da mesma cultura", diz Moreno em seu livro *Psicodrama*. Aqui parece haver uma recomendação metodológica e também ética. Ou seja, tomar uma problemática grupal e tratá-la como se fosse de um indivíduo é torná-lo "bode expiatório" do grupo que, por sua vez, conseqüentemente, deixa de ser tratado.

Vejamos um exemplo. Sociodrama em um hospital público com um grupo de aproximadamente 60 pessoas: atendentes, enfermeiras, médicos, assistentes sociais, psicólogos, e fisioterapeutas. Após o aquecimento do grupo, solicito cenas do cotidiano hospitalar. As cenas se sucedem com uma característica comum: o paciente é empurrado de um profissional a outro. Ficam visíveis todos os trâmites burocráticos produzidos nos vários setores. Todos parecem harmoniosamente satisfeitos, mas... o atendimento ao paciente não acontece.

Várias inversões, solilóquios e duplos depois, um "paciente" reage com veemência, exigindo, aos gritos, o atendimento a que tem direito.

A ação imediata do grupo em cena foi a de jogar o foco dramático no "paciente surtado". Se o trabalho dramático tivesse permanecido nessa direção, teríamos renunciado ao sociodrama (o que seria um erro metodológico) e substituído o verdadeiro drama – relações grupais mecanizadas e descompromissadas – por um "falso drama" individual – o "surto" do paciente. Não seria um deslize ético transformar o paciente em "bode expiatório" do grupo?

Confundir as dimensões social e individual de uma situação reduz o alcance da ação dramática transformadora.

Moreno não queria ver o homem reduzido a indivíduo como na psicanálise (eu diria como no capitalismo) e não queria ver o homem reduzido a coletivo como no comunismo soviético.

Inventou a sociometria, o psicodrama, o sociodrama, o teatro espontâneo e reinventou o grupo como espaço e tempo onde se encontram e não se confundem: o social e o individual, o nós e o eu, o nosso e o meu, o junto e o sozinho... o público e o privado.

O psicodrama da humanidade Utopia, será?*

Rosa Cukier

Palavras de Moreno no livro *Quem Sobreviverá?*

Um procedimento verdadeiramente terapêutico deve ter por objetivo toda a espécie humana. (1992: 119, vol. I)

Acredito que a sociometria e o psicodrama terão lugar importante na história da sociologia, escrita no ano 2000. (1992: 87, prólogo)

Presumimos, talvez ingenuamente, que se uma guerra pode espalhar-se pelo globo, deveria ser igualmente possível preparar e propagar uma sociometria mundial. Porém esta visão não surgiu do nada. Uma vez tratada com sucesso, toda uma comunidade, através de métodos sociométricos, pareceu-nos, ao menos teoricamente, possível tratar número infinitamente maior de tais comunidades pelos mesmos métodos – de fato, todas as comunidades que formam a sociedade humana. (1992: 228, vol. I)

O experimento sociométrico acabará por tornar-se total, não apenas em expansão e extensão, mas também em intensidade, marcando, assim, o início da sociometria política. (1992: 228-9, vol. I)

A pretensão moreniana de tratar toda a humanidade mediante o psicodrama sempre me pareceu exagerada e improvável, sonhos utópicos de um homem que, além de aspirar importância e reconhecimento maiores do que teve, prognosticava fatos para o distante ano 2000 que jamais testemunharia.

---

* Publicado na *Revista Brasileira de Psicodrama*, vol. 6, nº 1, 2000.

Pois bem, acabo de voltar do 13º Congresso Internacional de Psicoterapias de Grupo em Londres. É agosto de 1998, muito perto do ano 2000. Volto pensando diferente, quero rever estas frases de Moreno, leio com atenção. Ouvi coisas neste encontro que, a toda hora, me remetiam a ele, e escrevo este artigo para compartilhar com vocês estes meus recentes achados.

Impressionou-me, especialmente, o tema central das *key-notes*[1], grandes palestras com as quais se iniciavam diariamente os trabalhos do congresso. Os expositores, profissionais de muito destaque na produção científica mundial, pertenciam a uma interárea de interesse que mesclava história, sociologia, antropologia, política e psicologia. Sua grande preocupação era conseguir compreender e conter o aumento das chamadas guerras políticas e étnicas.

O Instituto de Pesquisa pela Paz Internacional de Estocolmo estima que o número de *conflitos armados maiores*[2] se manteve estável desde 1986 – em torno de 30 em 25 localidades –, embora tenham crescido sua intensidade e periculosidade. O que aumentou assustadoramente foi o número de *conflitos menores,* mais conhecidos como terrorismo étnico[3].

A palavra etnia vem do grego *ethnos*, que significa companhia, pessoas ou tribo. Depois da Segunda Guerra Mundial, por iniciativa da ONU, adotou-se o termo "etnia" em substituição a "raça", em virtude das conotações de inferioridade ou superioridade biológicas que os nazistas deram a esta palavra.

Porém palavras novas não exorcizam velhos problemas. A civilidade nacional, que permitia a pessoas de diferentes culturas dentro de uma mesma nação[4] viverem em paz juntas, foi vencida pelo

---

1. *Key-note* = palestras-chave.
2. Conflito armado maior é definido como conflito prolongado entre forças militares de dois ou mais governos e que produzam acima de mil mortes.
3. Ataques terroristas inspirados em diferenças étnicas e/ou religiosas, liderados por indivíduos ou pequenos grupos.
4. A diferença entre nação e grupo étnico é que a nação implica uma política autônoma e o estabelecimento de fronteiras, ou pelo menos organizações que criam papéis, posições e *status*. A maioria das nações é formada por mais de um grupo étnico, e alguns estudiosos chamam os grupos étnicos de subnações.

ódio étnico, e milhões de pessoas têm morrido nestes "confrontos entre vizinhos".

Na Iugoslávia, por exemplo, estima-se que 65 mil pessoas já tenham morrido; na Bósnia-Herzegóvina, 55 mil; na Croácia cerca de 10 mil, e em Ruanda as mortes já chegam a 1 milhão. E quantos será que estão morrendo nos conflitos do Afeganistão, Algéria, Angola, Azerbaijão, Bangladesh, Burundi, Camboja, Colômbia, Geórgia, Guatemala, Índia, Indonésia, Irã, Iraque, Israel, Libéria, Birmânia, Peru, Filipinas, Somália, Sri Lanka, Sudão, Turquia, Inglaterra e Zaire?

Chama a atenção a barbárie destes confrontos em que os direitos humanos são completamente ignorados, o genocídio é um objetivo freqüente e nem mesmo se adotam os códigos de ética das guerras tradicionais. Não mais se fala em "extermínio de um povo". Agora, "limpeza étnica" é a palavra de ordem e visa não deixar vivo ninguém que pertença a outra etnia ou que se lembre das terras e casas que possuía.

Décio de Freitas (1998) mostra que muitos dos que guerreiam e se matam podem ser etnicamente semelhantes na história, no sangue, na língua e até na religião. A intolerância se concentra não nas diferenças macroscópicas, mas em sutis alianças. A lealdade é para com o pequeno grupo étnico, e não para com a grande nação. Clama-se vingança por ofensas passadas; busca-se, transgeracionalmente e a qualquer custo, resgatar a dignidade do próprio povo.

E o que Moreno tem a ver com isso, vocês devem estar se perguntando? Pois bem, o velho sonho de tratar a humanidade está em voga na Europa. Pelo menos daquilo que pude extrair dos livros de alguns destes palestristas ilustres.

Por exemplo, o psiquiatra turco Vamik Volkan (1997) afirma que a partir destes conflitos todos criou-se uma demanda crescente para uma modificação do conceito de trabalho diplomático, que agora inclui a dimensão psicológica dos eventos, e não apenas o caráter econômico e social dos mesmos.

A maior parte dos conflitos étnicos envolve questões complexas ligadas à *identidade dos grandes grupos* envolvidos e não pode ser negociada apenas pela diplomacia política. Tampouco funciona nestas questões a diplomacia internacional tradicional, pois não se trata de dois povos distintos lutando, mas de lutas dentro de um mesmo povo.

Donald Horowitz (Volkan, 1997), cientista político, defende a idéia de que a quantidade de paixão expressa nos conflitos étnicos demanda uma explicação que leve em conta as emoções.

Identidade de grandes grupos

Os seres humanos sempre viveram em grupos emocionalmente ligados, tais como clãs ou tribos. "Grupo étnico" é o nome contemporâneo para este fenômeno e define um conjunto de pessoas que possuem em comum: lugar de origem, ancestrais, tradições, crenças religiosas e linguagem. Além dessas características, as pessoas de uma mesma etnia compartilham também um mito de inauguração, espécie de história grandiosa sobre o início do grupo, que inclui um conceito de continuidade biogenética generacional e confere características especiais e únicas para este grupo, tornando-o diferente de todos os demais.

A percepção da própria tribo ou grupo como humana e superior a outras, vistas como subumanas, é um fenômeno universal que intriga os antropólogos. Os chineses antigos, por exemplo, chamavam-se a si mesmos de pessoas e às outras raças de *kuei*, espíritos caçadores. Os apaches americanos chamam-se a si mesmos de *indeh* (pessoas) e os outros de *indah* (inimigos). Em inglês o termo *bárbaro* refere-se a estrangeiro.

Inicialmente as tribos vizinhas competiam por itens necessários à sobrevivência, tais como comida e água. Com o tempo, e assim que a sobrevivência se vê assegurada, outros itens começam a ser alvo da competição, itens supérfluos como peles e bens materiais, mas que engrandecem a auto-estima de quem os possui e passam a representar símbolos de poder. Estes símbolos, por sua vez, ganham cores, bandeiras, músicas e outros indicadores culturais da identidade compartilhada e da história mítica do grupo.

A etnicidade é um aspecto da identidade pessoal; ela é uma identidade social, não biológica, e vai além de considerações genéticas. Sua peculiaridade maior é de apenas ser sentida quando um grupo interage com outro, como se fosse uma possibilidade em potencial que só se manifesta em circunstâncias de interação com o diferente. Certo grau de etnocentrismo é comum e saudável em

174

todos os grupos, mas, perigosamente, pode desandar para um tipo de racismo[5].

Personalidade e psicodinâmica dos grupos étnicos

Muito pouco sabemos ainda sobre o funcionamento de grandes grupos. Freud (1920: 2563-610) fez algumas tentativas de estudar os fenômenos grupais, e antes dele autores como o sociólogo francês Gustavo Le Bonn (Freud, 1920) e o americano Mac Dougall (Freud, 1920) também tentaram algumas explicações. Eles constataram que quando o indivíduo está num grupo, perde sua identidade habitual, havendo um incremento da emocionalidade e sugestionabilidade e um decréscimo da parte intelectual e cognitiva.

Freud atribuiu esses fenômenos à libido, que seria a responsável pela formação e manutenção dos vínculos de amor num grupo. Para ele, a mente grupal seria estruturada de forma semelhante aos padrões da família; o amor entre os membros do grupo e a capacidade de se influenciarem mutuamente seriam proporcionais ao amor e respeito conquistado pelo líder desta família. Quanto às hostilidades entre os membros, elas são atribuídas à má resolução das questões edípicas.

Volkan acredita que esta explicação esteja incompleta e pouco esclarece a questão da agressividade presente nas relações humanas e por que um forte sentimento de identidade grupal leva às vezes a atos brutais de violência. Segundo ele, o próprio Freud foi cauteloso em aplicar suas descobertas da psicologia individual ao funcionamento grupal. Em 1932, Albert Einstein, num artigo intitulado "Por que a guerra?", perguntou a Freud se havia alguma forma de se evitar as guerras. Freud se mostrou pessimista e disse que não há formas de eliminar a inclinação agressiva do ser humano. Muitos outros psicanalistas têm feito contribuições para a psicologia de grandes grupos, sem chegar, entretanto, a explicações mais abrangentes e satisfatórias.

---

5. Na Iugoslávia, por exemplo, são pessoas do mesmo sangue, mas de diferentes religiões, que se matam.

Por sorte, novos esforços têm sido feitos contemporaneamente. Em 1978, o presidente do Egito Anwar al-Sadat fez um convite indireto aos profissionais de saúde mental para trabalharem juntamente com diplomatas, buscando compreender e desfazer a barreira psicológica que, segundo ele, constituía 70% do conflito árabe-israelense. Foi obtida uma verba do Fundo das Nações Unidas e constituído um pequeno comitê, na Associação Americana de Psiquiatria, que realizou reuniões em vários locais da Europa. De 1980 a 1986, psiquiatras e diplomatas americanos, israelenses, palestinos e egípcios dividiram-se e participaram de pequenos subgrupos de discussão, visando facilitar o diálogo entre as partes em litígio.

Este trabalho trouxe *insights* novos e valiosos sobre o comportamento e a identidade de grandes grupos emocionalmente conectados.

A psicologia mediando conflitos internacionais

Volkan destaca alguns fatos interessantes ocorridos desses encontros. Ele avalia que as idéias discutidas "ficaram no ar", no sentido de que nada foi feito exatamente com elas, mas sem dúvida elas afetaram e ainda afetarão decisões de cúpula deste conflito. No mínimo as reuniões serviram para criar alguns relacionamentos duradouros entre participantes de ambos os lados e expandir o diálogo.

No início, israelenses e árabes pareciam competir para ver quem havia sofrido mais agressões e injustiças, e qualquer acidente novo servia para reacender memórias de outros incidentes do passado, às vezes ocorridos há séculos.

Havia pouca empatia para o sofrimento do outro grupo, e falar das injúrias passadas parecia reforçar o perigo e a persecutoriedade no presente, aumentando o sentido de identidade grupal.

Um momento crucial das discussões ocorreu num pequeno grupo, quando se chegou à conclusão de que ambos os lados do conflito compartilhavam o mesmo sentimento de medo. Este mútuo reconhecimento do sentimento de medo alheio criou uma atmosfera positiva para as discussões, mas só ocorreu depois de um tenso debate entre um historiador e jornalista egípcio e uma psiquiatra infantil israelense. Ela lhe perguntou como ele poderia convencê-la a não temer os palestinos. Ele respondeu que acreditava ser impossível que os israelenses temessem os palestinos.

No dia seguinte, este mesmo jornalista disse não ter dormido a noite inteira e foi consultar o Corão, descobrindo uma passagem em que estava descrito o medo de Moisés. Muito surpreendido, pediu desculpas à psiquiatra dizendo: "Se Moisés podia sentir medo, ela também, como ser humano, poderia".

Outra conclusão deste encontro refere-se ao desconhecimento do fenômeno do luto grupal. Quando existe uma perda em nível individual, há todo um percurso que a pessoa percorre acolhida por seu grupo próximo, visando elaborar os sentimentos como impotência, raiva, medo, humilhação etc., para, gradualmente, ir aceitando a perda e a mudança de vida concomitante ocorrida.

Em relação a grupos e comunidades parece que nem sempre há elaboração desses lutos grupais a ponto de ocorrer um fenômeno que Volkan chama de "colapso do tempo", em que um trauma ocorrido há séculos parece concomitante, com um fato novo, recém-acontecido. Intelectualmente, os dois eventos estão separados, mas emocionalmente caminham juntos.

Lutos culturais não resolvidos e transmissão transgeracional

As perdas vividas por uma cultura inteira, tais como assassinato de líderes amados, catástrofes naturais que redundam em elevado número de mortes, domínio, aprisionamento e humilhação de um grupo étnico por outro etc. também demandam um processo de luto e elaboração sob pena de se tornarem perenes, caso este procedimento não seja levado a efeito com sucesso.

A cultura comunica sua dor de formas peculiares. Usa, por exemplo, os meios de comunicação de massa para reportar o ocorrido ou criar anedotas como forma de elaborar a tragédia; executa ritos culturais para comemorar os aniversários desses eventos traumáticos; constrói, freqüentemente, monumentos de pedra e metal resistente para simbolizar a força com que determinados fatos jamais serão esquecidos.

Quando toda uma geração é dizimada, submetida e impedida de chorar e ritualizar sua perda, como no caso do holocausto na

Segunda Guerra Mundial ou dos índios Navajo, expulsos de suas terras pelos colonizadores americanos em 1864, aqueles que sobrevivem à tragédia são encarregados de transmitir seus sentimentos aos descendentes, como se as gerações posteriores pudessem se encarregar do trabalho de luto e elaboração impossibilitado aos seus antepassados.

De certa forma, nada fica esquecido na cultura. Analogicamente, poderíamos falar de um inconsciente coletivo no estilo junguiano[6], ou de um co-inconsciente[7], lembrando Moreno ou ainda de estresse pós-traumático[8] – enfim, mecanismos de grupo que se encarregariam de represar e transmitir transgeracionalmente, de forma ainda desconhecida da ciência, os ressentimentos, traumas e injustiças sofridos em determinada geração.

Anne Ancelin Schutzemberger (1997) mostra numerosos exemplos clínicos do que chama de *"síndrome de aniversário"*, em que, numa mesma família, determinado fato trágico, por exemplo um acidente que redunda em morte, se repete por várias gerações sempre na mesma data. Interessante também seu relato dos *"segredos familiares"* que retornam encriptados em determinado paciente eleito de uma geração posterior, que, com seus sintomas, relata o que era indizível e impensável anteriormente.

---

6. O inconsciente coletivo de Jung é um conceito mais amplo do que o de inconsciente formulado por Freud. Ele inclui, além da experiência infantil reprimida, a experiência acumulada filogeneticamente pela espécie humana e opera independentemente do ego, por causa de sua origem na estrutura herdada do cérebro. Suas manifestações aparecem na cultura como motivos universais que possuem grau de atração próprio (Samuels, 1988: 104-5).

7. Moreno (1975: 31) descreve o co-inconsciente como um estado experimentado simultaneamente pelos participantes de determinada vivência e que, portanto, também só pode ser reproduzido e representado em conjunto.

8. A desordem do estresse pós-traumático consiste numa reação debilitante que se segue a algum evento traumático. Muito freqüente em ex-combatentes de guerra, também inclui reações a acidentes sérios, desastres naturais, ataques violentos como estupro e tortura. A pessoa acometida apresenta persistentes memórias dos fatos mais chocantes, que intrusivamente assolam seu pensamento em forma de pesadelos ou fantasias diurnas. Experiencia também problemas de sono, depressão, irritabilidade, falta de pertinência, solidão.

Ivan Boszormenyi Nagy (1983) introduz o conceito brilhante de *"lealdade invisível"*, advogando que as relações familiares e culturais incluem a dimensão da justiça e da eqüidade dentro da família e da cultura. Sintomas e repetições seriam formas desesperadas de buscar o restabelecimento de uma ética das relações transgeracionais.

Deste autor também advém o conceito de *parentificação*, processo de inversão de dependências, passando os filhos a cuidar dos pais, mediante um implícito e complexo sistema de contabilização de méritos e dívidas, em que tudo o que se recebeu de cuidados, carinho, cumplicidade deve ser devolvido com o tempo.

As injustiças sofridas pela família também fazem parte desta contabilidade, e cada membro carrega o encargo de, a seu modo, vingar, esquecer, cobrar estas injustiças. Não há jeito de escapar destas obrigações familiares sem carregar consigo um sentimento de "culpabilidade existencial amorfa e indefinível".

Interessante perceber também que, apesar de a palavra lealdade derivar do latim *legalitas*, referente à lei, seu sentido real se refere a uma trama invisível de expectativas familiares, que nem sempre manifesta justiça ou legalidade. Os indivíduos que não aprenderam o sentido de justiça dentro das relações familiares tenderão a desenvolver um critério distorcido de justiça social.

Narcisismo, ressentimento, vingança e fúria grupais

Será que poderíamos considerar a existência de um sistema narcísico grupal, pelo qual a consciência de valor individual estaria conectada com o valor do grupo ao qual se pertence e, em decorrência, ataques à auto-estima deste grupo estimulariam respostas de fúria e vingança, com o objetivo de resgatar a dignidade perdida?

Sabemos que isso é verdade em nível individual. Eu mesma (Cukier, 1998) afirmei que "crianças abusadas na infância são bombas-relógio para o futuro", pois tratarão de revidar os abusos quando tiverem o poder nas mãos.

Parece que em relação a grandes grupos, vários fatores devem ocorrer paralelamente para culminarem numa reação de fúria vingativa. A presença de um líder fanático, por exemplo, ele mesmo com uma história infantil de abusos e negligência, é um destes fatores. Alice Miller (1993) mostra, com muita propriedade, que por trás de todas as grandes catástrofes da humanidade houve líderes sádicos, machucados narcisicamente por pais negligentes e abusivos que não souberam administrar suas necessidades básicas. É o caso de Adolf Hitler, Stalin e Nicolae Ceausescu – este, ditador da Romênia –, que foram covardemente espancados e humilhados na infância.

Outra variável predisponente é ocorrer ou ter ocorrido num passado ainda lembrado, um ataque ao "orgulho do grupo". Segundo Kohut (1988), a coesão grupal se dá tanto por ideais como por uma grandiosidade compartilhada, e os grupos apresentam transformações regressivas no domínio narcísico sempre que esta grandiosidade for atacada. Estas transformações regressivas do narcisismo grupal implicam agressão, raiva, fúria e vingança narcísicas. Diz:

> O desejo de transformar uma experiência passiva em ativa, o mecanismo de identificação com o agressor, as tensões sádicas conservadas por aqueles que, em criança, foram sadicamente tratados pelos pais – todos estes fatores ajudam a explicar a prontidão do indivíduo, inclinado à vergonha a reagir a uma situação que potencialmente provoque pelo uso de um remédio simples: infligir ativamente (com freqüência, antecipatoriamente) aos outros, aqueles danos narcísicos que tem mais medo de sofrer, ele próprio.

Há também fatores enraizados na própria cultura, que favorecem reações agressivas, como os sintomas de auto-repúdio ou vergonha. É o caso dos nipônicos que desdenham os traços fisionômicos da própria raça e se submetem a cirurgias plásticas para mudança da dobra ocular, desejando possuir características dos grupos majoritários, econômica e culturalmente dominantes.

Hugo Bleichmar (1987) chama de *possessões narcísicas do ego* a estes objetos ou traços identificatórios que se quer possuir para que nos confiram seu valor intrínseco, por exemplo, carros, jóias, olhos etc. Mostra também como a cultura oferece vários termos para nomear a realidade, que em seu bojo carregam crenças e atributos identificatórios e valorativos ao sujeito. É o caso dos adjetivos possessivos, no caso da herança genético-familiar. Literalmente, as palavras – meu, teu, nosso – estabelecem uma ponte entre os objetos e seus possuidores. Ele afirma:

A criança recebe o "meu" com a significação que na palavra dos pais tem "o meu filho": o narcisismo dos pais requer que o filho-falo seja visto como um produto absoluto deles. Com isso, "o meu filho" significa o filho que por havê-lo criado é minha possessão e fala, por isso, de mim.

Além disso, há regras lógicas no inconsciente individual, por exemplo, a lógica da inclusão de classes que equiparam a identidade e o valor de todos os elementos da mesma classe. Entende-se assim porque, apesar das brigas impiedosas dentro de uma mesma família, se alguém alheio ao sistema critica algum de seus membros, por ser este sentido como possessão narcísica do ego, o criticado passa a ser imediatamente defendido pelos demais.

Para Anne Ancelin Schutzemberger (1997), o ressentimento grupal é um fenômeno conectado com a injustiça sofrida pelo grupo ou por algum de seus membros. O componente da obrigação moral de lealdade faz com que todos os elementos do grupo tenham o dever de buscar a eqüidade e a justiça, sendo a culpa a penalidade para quem prescindir deste dever.

Olho por olho, dente por dente – é esta justiça taliônica[9] que rege o acerto de contas de nossa sofrida humanidade. No final, acabaremos, provavelmente, todos cegos e desdentados. Será que Moreno pode nos ajudar?

Sugestões morenianas para tratar a humanidade

Moreno criou o sociodrama para tratar grupos e problemas coletivos, e seu livro *"Quem sobreviverá?"* é totalmente voltado a formular e testar formas de viabilizar este projeto. Define (1975: 411; 1992: 80) o sociodrama como: "um método de ação profunda que investiga e trata as relações intergrupais e as ideologias coletivas".

Ele fez muitas tentativas de teorizar a respeito do comportamento grupal. Propunha uma diferenciação entre o processo de identidade e de identificação. Diz (1975: 442):

---

9. Lei de Talião, pertence ao Código de Hammurabi, rei da Babilônia em 2500 a.C., pela qual a pena se graduava conforme o dano produzido pelo agente.

A identidade deveria ser considerada à parte do processo de identificação. Desenvolve-se antes deste último na criança pequena e atua em todas as relações intergrupais da sociedade adulta. Para a criança pequena, o eu e o meio imediato são a mesma coisa; não existe para ela uma relação eu–outro. "Eu" e "outro" são as duas porções ainda indiferenciadas da "matriz de identidade" [...]

Propõe (1975: 442) o termo "identidade de papel" para nomear aquilo que contemporaneamente chamaríamos de identidade étnica: "Os negros consideram a si mesmo um coletivo singular, o negro, uma condição que submerge todas as diferenças individuais [...] A essa identidade chamaremos identidade de papel".

Várias vezes falou da diferença entre a catarse no sociodrama e a catarse no psicodrama, enfatizando que no sociodrama busca-se tratar as questões referentes à identidade (1975: 424).

O protagonista no palco não está retratando uma *dramatis personae*, o fruto criador da mente de um dramaturgo individual, mas uma experiência coletiva. Ele é um ego-auxiliar, é uma extensão emocional de muitos egos. Portanto, numa acepção sociodramática, não é identificação do espectador com o ator que está no palco, presumindo-se a existência de alguma diferença entre aquele e o personagem que este retrata. Trata-se de identidade. Todos os cristãos, todos os negros [...] Todo cristão é, enquanto cristão, idêntico a todos os outros cristãos [...] Na fase primária de identidade coletiva, não há portanto necessidade de identificação. Não há diferença alguma entre espectadores e atores; todos são protagonistas.

Moreno (1992: 130, vol. III) não tocou na questão do narcisismo grupal, mas chegou perto ao admitir que a inveja poderia ser um motor de ressentimento entre grupos.

[...] A população judia na Alemanha pode ter produzido mais líderes individuais do que proporcionalmente seu nível populacional permitiria, ou porque os judeus sofrem de um excesso de líderes individuais, ou porque os alemães tem uma insuficiência deles [...]. Como a maioria do grupo era alemã, nós podemos imaginar os sentimentos de ressentimento que surgiam entre os líderes alemães, juntamente com a convicção de que eles tinham um "direito natural" maior do que os líderes judeus de dirigir essas massas de trabalhadores e fazendeiros alemães.

Além disso, o próprio teste sociométrico, pelos cálculos das escolhas, rejeições e neutralidades, acaba por atingir em cheio o nó da questão narcísica, provocando reações muitas vezes catastróficas e que Moreno (1992: 202, vol. II) apontou e tentou explicar. Referindo-se aos procedimentos sociométricos, afirma:

> [...] estes procedimentos deveriam ser acolhidos favoravelmente, já que ajudam no reconhecimento e na compreensão da estrutura básica do grupo. Porém este não é sempre o caso. Encontram resistência e até hostilidade por parte de algumas pessoas [...]
> Outros indivíduos também mostraram medo das revelações que o procedimento sociométrico poderia trazer. O medo é maior em algumas pessoas e menor em outras. Umas podem estar mais ansiosas para arrumar seus relacionamentos de acordo com seus desejos atuais, outras têm medo das conseqüências [...] estes e outros fatos revelam um fenômeno fundamental, a forma de resistência interpessoal, resistência contra expressar os sentimentos preferenciais que uns têm pelos outros.

Moreno sempre se preocupou com os conflitos raciais e chegou até a formular a idéia de um *cociente racial* (1992: 260, vol. II): "Da interação social dos membros e de sua expansividade emocional resulta uma expressão do grupo, seu ponto de saturação para determinado elemento racial contrastante, seu cociente racial".

Também elaborou o conceito de ponto de saturação racial (1992: 216, vol. III), em que expressa a idéia de que existe determinado ponto além do qual uma população majoritária fica saturada de uma população minoritária, favorecendo os fenômenos de discriminação racial.

> Certa população pode ficar saturada de um grupo minoritário em determinada época. Se ocorrer entrada de número excessivo de membros deste último grupo na comunidade, vindos de fora, de modo a ultrapassar este ponto, o frágil equilíbrio começa a fragmentar-se. No caso de solução química, o ponto de saturação para certa substância pode variar, por exemplo, com o aumento ou diminuição da temperatura. No caso de grupos sociais, o ponto de saturação pode variar segundo a organização dos grupos inter-relacionados.

Em "O problema negro – branco" (1975: 425-52) – um protocolo psicodramático –, ele discute com ousadia a situação do negro nos Estados Unidos e tece considerações teóricas importantes sobre os processos de discriminação racial e as contra-respostas que ele suscita.

Na verdade, desde *As palavras do pai* ele parece ter um firme propósito de, em vez de arrancar olhos e dentes, como Talião propunha, apenas trocar de olhos e simbolicamente ocupar e compreender o lugar existencial do "outro, inimigo, diferente". É o que faz nesta Oração do Nazista (1992: 240), mostrando ser, ele mesmo, capaz de inverter papéis até com inimigos do povo judeu ao qual pertencia.

> O Deus,
> nossa raça é como a verde e saudável grama,
> As outras raças são como as ervas daninhas, que sufocam a grama,
> E para que ela se acabe
> Que as arranquemos pela raiz e as destruamos!

Também a sua conceituação de axiodrama (1992: 60), sociodrama focado nas questões de ética e de valor, mostra uma preocupação com o contexto comunitário, na medida em que propõe discutir e dramatizar as assim chamadas "verdades eternas", como por exemplo, justiça, beleza, verdade, perfeição, eternidade, paz etc.

> O organismo no campo se converte então num ator na situação. Pedaço por pedaço, todo um sistema cultural pode se colocar em cena e ser "interpretado" graças ao axiodrama e ao sociodrama, por atores que são, ao mesmo tempo, criadores e intérpretes destas cenas.

Moreno era um homem profundamente conectado ao seu tempo, mas também profundamente crítico às conquistas desse tempo. Ele, por exemplo, desqualificava nossa era super-robotizada, cheia de aparatos técnicos sem vida e espontaneidade, que substituem as relações humanas. Entretanto, não hesitou em utilizar esta mesma tecnologia para divulgar seus métodos sociátricos. Fez uso do cinema e sugeriu, num capítulo escrito junto com John K. Fischel no final de seu livro *Psicodrama*, formas possíveis de se adaptar os métodos de espontaneidade aos recursos da televisão.

Estes novos inimigos são os animais técnicos que podem ser divididos em duas classes, conserva cultural e máquinas. A palavra mais popular para eles é robots. (1992: 185, vol. III)

É aconselhável organizar sessões psicodramáticas a serem transmitidas ao mundo desde uma estação de televisão.[...] É aconselhável organizar jornais vivos e dramatizados que sejam transmitidos ao mundo através das emissoras de televisão. Isto é mais saudável que o usual noticiário fotográfico de eventos; é um instrumento por meio do qual o gênio vivo e criativo pode, neste planeta, comunicar-se direta e instantaneamente com os seus semelhantes. (1975: 482-3)

Ele era contra as bonecas, brinquedos mecânicos, mamadeiras assépticas, enfim, contra a tecnologia. Fico, entretanto, pensando que, se ainda estivesse entre nós, sem dúvida ele acharia uma forma de usar a internet como fórum de discussões, tribuna livre e, por que não imaginar dramatizações via satélite, em que arqui–inimigos pudessem trocar de papel ou descobrir que o medo, a dor, o horror, a solidão, a humilhação, o orgulho... todos estes são atributos compartilhados por toda a espécie humana, e não apenas por uma tribo especial.

Conclusão

Gostaria de terminar este artigo rendendo homenagens àqueles, entre nós brasileiros, que têm se empenhado na direção sociátrica moreniana. Refiro-me ao crescimento e à criatividade dos vários grupos e escolas de teatro espontâneo, grupos que fazem trabalhos sociodramáticos com comunidades rurais e populações carentes, com minorias discriminadas por problemas de saúde e pobreza, além dos serviços comunitários que trabalham com a questão da violência doméstica. Também me encantam as possibilidades de usar o teatro como meio de trabalhar grandes grupos; enfim, acho que nós, brasileiros, temos algo da ousadia moreniana necessário para levar adiante este projeto social.

Falo em ousadia porque de fato é preciso coragem para fazer um trabalho deste tipo. Volkan (1997), com seu grupo de diplomatas, políticos, historiadores e psicanalistas, realiza poucas e pequenas reuniões verbais, fechadas, com audiência restrita. Ainda assim, a leitura de seu livro nos mostra quão tenso e perigoso é o clima desses encontros.

Podem vocês imaginar se confrontos étnicos ocorressem pela TV, sob a direção de algum psicodramatista habilidoso, e se milhões de pessoas pudessem interatuar, enviando perguntas, argumentos, fatos. Espanto-me apenas em pensar!

Porém, quantos de nós teríamos coragem de dirigir tais sociodramas psicopolíticos? Ser diretor de sociodramas e dirigir grandes platéias é tarefa para poucos. Na realidade, nenhuma escola de psicodrama nos prepara suficientemente. Moreno nos dá idéias, mas temos muito que aprender.

Já testemunhei sociodramas caóticos, diretores perdidos e envergonhados e, até mesmo, sapatadas numa grande platéia raivosa. Grandes grupos, tal como Freud os descreveu, parecem funcionar como um animal selvagem a ser domado, e a palavra usada na comunicação individual não se presta para articular sua mensagem. Talvez aplausos, olés como nos campos de futebol... talvez tenhamos de pedir ajuda a profissionais de comunicação de massa.

Não sei de que forma exatamente, mas tenho a sensação de que temos de aprender em grupo como lidar com grandes grupos. A experiência de estudar Moreno, um escritor e autor tão complexo, no GEM[10], em grupo, pedacinho por pedacinho, com paciência e persistência, ensinou-me que tudo é possível quando um grupo de pessoas realmente quer.

Concluindo, quero citar mais uma vez Volkan (1997) quando sugere, no final do seu livro, que talvez seja preciso articular grandes pedidos de desculpas interculturais, intergeracionais e multigeracionais. Há pouco tempo assistimos Mikhail Gorbachev pedir desculpas em nome da Rússia pelos massacres ocorridos na Polônia; também a Igreja católica se desculpou por sua apatia diante do extermínio dos judeus na Segunda Guerra Mundial[11].

---

10. GEM-Daimon – Grupo de Estudos de Moreno na clínica Daimon em São Paulo.

11. Hoje, 17 de fevereiro de 2000, ao proceder à revisão final deste artigo, me sinto profundamente sensibilizada pelo pedido de desculpas público que o presidente da Alemanha, Johannes Rau, dirigiu à comunidade judaica internacional, pelos crimes do Holocausto.

Eu pediria desculpas a Moreno... por tantas vezes tê-lo considerado um tolo sonhador, sozinho na montanha, olhando um futuro que só ele vislumbrava. Talvez ele seja mesmo um tolo... mas não é o único. Há muitos tolos como ele tentando ajudar as Nações Unidas para que possamos ao menos ter algum FUTURO.

Referências bibliográficas

BLEICHMAR, H. *O narcisismo – Estudo e enunciação da gramática inconsciente.* Porto Alegre, Artes Médicas,1987.

CUKIER, R. *Sobrevivência emocional: as feridas da infância revividas no drama adulto.* São Paulo, Ágora, 1998.

FREITAS, Décio de. "Máscaras do neo-racismo". Jornal *O Globo*, 9 de agosto, Porto Alegre, 1998.

FREUD, S. *Psicologia das massas e análise do ego*, tomo III, obras completas. Madri, Biblioteca Nueva, 1920.

KOHUT, H. *Psicologia do self e cultura humana.* Porto Alegre, Artes Médicas, 1988.

MILLER, A. *Breaking down the wall of silence.* Nova York, Meridian Book, 1993.

MORENO, J. L. *Psicodrama*. São Paulo, Cultrix, 1975.

_____. *As palavras do pai.* Campinas, Editora Psy, 1992.

_____. *Quem sobreviverá? – Fundamentos da sociometria, psicoterapia de grupo e sociodrama.* Goiânia, Dimensão, 1992.

NAGY BOSZORMENYI, I. *Lealtades invisibles.* Buenos Aires, Editores Amorrortu, 1983.

SAMUELS, A. *Dicionário crítico de análise junguiana.* Rio de Janeiro, Imago, 1988.

SCHUTZEMBERGER, Anne A. *Meus antepassados: vínculos transgeracionais, segredos de família, síndrome de aniversário e prática do genossocrograma.* São Paulo, Paulus, 1997.

VOLKAN, Vamik, *Bloodlines – from ethnic pride to ethnic terrorism.* Nova York, Farrar, Straus and Giroux, 1997.

Telepsicodrama: um sonho de Moreno em pesquisa

Ronaldo Pamplona da Costa

O médico romeno Jacob Levi Moreno (1889-1974), conhecido como o criador da psicoterapia de grupo, sempre demonstrou interesse por questões relacionadas à comunicação. E isso ficou evidente desde muito cedo na história de sua vida profissional. Na década de 1920, ainda em Viena, onde estudou medicina, ele se dedicou à pesquisa de um aparelho destinado ao registro de vozes, o futuro gravador, na época denominado radiofilme. Desenvolveu esse projeto em parceria com um cunhado e, mais tarde, quando emigrou para os Estados Unidos, levou consigo o que já havia produzido até então. Sonhava que poderia patentear e vender o aparelho, obtendo dessa maneira recursos para financiar os estudos de medicina e a revalidação do seu diploma médico no país em que passaria a viver.

Vendeu a patente para uma grande companhia americana e, com o dinheiro obtido, pôde manter-se até a revalidação do diploma de médico, em 1926. Foi nesse ano que começou a exercer a sua profissão no continente americano, mais exatamente no Hospital Monte Sinai, em Nova York.

Moreno, trabalhando com um grupo de crianças, desenvolveria naquela instituição suas primeiras experiências de psicodramatização nos Estados Unidos. Foi o ponto de partida de um trabalho que mais tarde se estenderia para outros grupos, em diferentes locais, e cuja história é bem conhecida. Mas o aspecto para o qual insisto em chamar a atenção neste artigo é a constante preocupação do médico romeno com o uso dos meios de comunicação, como o cinema, o rádio e a TV.

Recorrendo ao teatro espontâneo e ao jornal vivo como formas de trabalho psicodramático, ele realizou vários programas de rádio. Acreditava que por meio desse veículo de comunicação de massas poderia realizar sessões de psicodrama envolvendo um grande número de pessoas em cada uma delas. Isso as ajudaria a se conhecerem melhor. Seu interesse pelas potencialidades do rádio, porém, diminuiu à medida que percebeu como esse veículo se tornava uma presa da conserva cultural, deixando de lado uma de suas características mais importantes, ou seja, a espontaneidade, a transmissão ao vivo, passando a recorrer, numa escala crescente, ao uso de fitas gravadas. Com o surgimento da televisão, no início da década de 1940, o interesse de Moreno pelo rádio desapareceu quase completamente.

Antes de abordar a experiência de Moreno com o psicodrama na TV, é importante destacar uma fase precedente, isto é, a do seu interesse pelo cinema. Movido por seu espírito investigativo e estudioso, ele pesquisou e procurou entender como eram feitas as produções, as técnicas, e chegou a apresentar propostas aos produtores para a realização de filmes terapêuticos.

Sua primeira criação nessa área ocorreu quando ele trabalhava num reformatório para moças, em Hudson, no estado de Nova York. Com um grupo delas realizou, em 1933, um filme mudo, com 12 minutos, que denominou *Treinamento de uma garçonete*. Aparentemente, essa obra não tem o feitio ou o modelo de um psicodrama. Não há um espaço psicodramático, um "como se". Existem, sim, alguns personagens: duas clientes e uma garçonete, as três vestidas a caráter. O cenário é o de um restaurante, no qual entram as duas clientes. Elas são servidas pela garçonete, em treinamento, a qual comete uma seqüência de erros durante o serviço.

A partir daí, o grupo de moças que assiste à sessão comenta as gafes cometidas pela garçonete, ao mesmo tempo que uma das acompanhantes da cena registra por escrito o que está sendo dito. Posteriormente, à noite, a garçonete em treinamento reúne-se com a moça que fez as anotações e as duas lêem as observações feitas pelo grupo. Dessa maneira, a treinanda toma consciência dos erros que cometeu e, na cena seguinte, ela aparece repetindo o atendimento, mas procurando ser mais adequada.

Alcançar o mundo

No artigo intitulado "Filmes terapêuticos", que integra o livro *Psicodrama*, Moreno discorre a respeito do método a ser utilizado na realização desse tipo de filme. Deixa claro que não se trata simplesmente de filmar um psicodrama. O que propõe é um método diferente, desenvolvido em diversas etapas. No primeiro momento, que se desdobra em várias cenas, o protagonista dramatiza todos os aspectos do seu conflito principal. Em seguida, as cenas são polidas, para compor um roteiro, e filmadas. Por fim, o material é exibido para um público-teste, que decide quais daquelas cenas devem fazer parte do roteiro definitivo.

Moreno apresenta três diferentes caminhos para a filmagem. Num deles, o próprio paciente é o ator do seu drama e aparece no filme como ele mesmo. Em outro, um ego-auxiliar representa o protagonista, que pode aparecer em cena num papel secundário, mas de tal forma que ninguém fique sabendo de quem veio aquele material. Finalmente, no terceiro caminho sugerido, o protagonista está presente à filmagem, participa da primeira fase, na qual são dramatizadas todas as cenas, mas não aparece no filme. Cabe a ele apenas fornecer o material que será dramatizado pelos egos-auxiliares, entre os quais um assumirá o papel dele, protagonista. Dessa maneira, o mundo privado do paciente fica totalmente preservado, bem como o sigilo em relação ao material terapêutico. Uma das diferenças básicas entre um filme comum, de ficção, e um terapêutico ou psicodramático, é que neste o material a ser filmado vem de uma pessoa presente na realização da obra, e não de um texto escrito por alguém alheio a ela.

Com esta última proposta para filmes terapêuticos, Moreno criou o que mais tarde veio a ser denominado *playback theater*, cuja paternidade ainda é indevidamente atribuída a outro autor.

O filme sobre a garçonete tem muita importância. Foi o primeiro filme de psicodrama apresentado perante os integrantes da Associação Psiquiátrica Americana, em 1935. Na realidade era um filme sobre treinamento profissional, *role-playing*. Já estavam desenhados ali os primeiros passos do que seriam os modernos treinamentos de pessoas por métodos de ação, utilizados por empresas. Podemos dizer que Moreno foi também um pioneiro nessa área.

O seu segundo filme, *Introdução ao psicodrama*, realizado no início da década de 1940, tem mais recursos técnicos que o primeiro, é colorido e falado. Nele Moreno demonstra alguns aspectos do psicodrama. Fala de seu tablado, mostra o palco psicodramático, com os três níveis, onde a sessão é apresentada e filmada, e faz a apresentação de três técnicas – auto-apresentação, inversão de papel e a técnica de duplo. Um dos egos-auxiliares que participam desta filmagem é sua companheira Zerka Moreno, que deu continuidade ao trabalho desenvolvido por ele. Na época ela ainda não tinha sido vítima da doença que levaria à perda do seu braço esquerdo.

O filme *Introdução ao psicodrama* tem uma intenção claramente pedagógica, na qual fica explícito o estilo de trabalho de Moreno. Vale observar que é o único, entre os grandes mestres da área psiquiátrica e psicológica, a aparecer ao vivo demonstrando o seu método. Ele fez isso de maneira incansável, durante toda a vida, pelo mundo todo, por meio de psicodramas públicos, apesar de ter sido criticado pela exposição dos protagonistas.

Na década de 1960, Moreno realiza um filme psicodramático completo, porém não utiliza as técnicas propostas em seu artigo escrito nos anos 40. Resulta num psicodrama filmado. As filmagens são feitas na Califórnia, no Hospital Cavallero, instituição hospitalar psiquiátrica de grande porte, com centenas de pacientes. Ele vai até lá com suas duas equipes, a psicodramática e a de filmagem, e produz um psicodrama sobre o tema da alta hospitalar. No início, apresentam-se vários candidatos a protagonista, entre os quais Moreno escolhe um rapaz. Na platéia encontram-se médicos, enfermeiras e pacientes.

O objetivo de Moreno, que mostra toda sua versatilidade e domínio da técnica ao dirigir o rapaz, é fazer com que o filme seja exibido em outros hospitais, para outros grupos de pacientes, médicos e enfermeiras, e seja utilizado como filme terapêutico. Acreditava que, por meio da experiência do protagonista, pacientes que estivessem na fase de receber alta hospitalar poderiam ter *insights* a respeito de sua própria alta, trazer à tona os sentimentos relacionados ao fato e experienciar a catarse.

Em 1942, Moreno entra pela primeira vez num estúdio de TV. Após observar o funcionamento daquele veículo de comunicação de massa, que na época ainda não dispunha do recurso do videoteipe, ele escreve um breve estudo sobre psicodrama e televisão. Descreve o funcionamento da TV, o estúdio, e propõe um método de gravação de sessões de psicodrama.

Moreno, que nunca chegou a concretizar aquilo que havia proposto para a TV, achava que esse veículo, por não ter possibilidade de repetir as cenas, exibindo-as sempre ao vivo, poderia ser importante para a realização de psicodramas, cuja exibição alcançaria milhões de pessoas. Seu sonho era quebrar as paredes dos consultórios onde se acha confinado o psicodrama e atingir a "realidade social", como dizia. Num de seus textos, deixou registrado: "É aconselhável organizar sessões psicodramáticas que, por meio de uma estação de televisão, alcancem todo o mundo".

Trajetória inaugural

No Brasil, faço parte de um grupo de pessoas que se propõem a recuperar essa proposta de Moreno e adaptá-la para os dias de hoje. Em termos tecnológicos, uma das principais mudanças daquela época para cá, talvez a mais importante de todas, foi o surgimento das técnicas e equipamentos de gravação de imagens. No prazo de 20 anos, tudo mudou no mundo das comunicações, em virtude da invenção do videocassete.

Este equipamento só começou a se tornar popular no Brasil na década de 1980. Mas, já no início dos anos 70 tive oportunidade de tomar contato com o videoteipe, durante uma aula do curso que freqüentava na Sociedade de Psicodrama de São Paulo, aula essa sobre linguagem corporal, ministrada pelo médico psiquiatra José Angelo Gaiarsa, um inovador nas psicoterapias paulistanas. Ele utilizava um equipamento que ainda não tinha o formato de videocassete, mas sim videoteipe, completamente diferente do que conhecemos e utilizamos hoje para gravações e exibições de fitas. Na época, o médico psicodramatista José Fonseca também realizava experiências, utilizando videoteipe para gravar sessões de grupo e de casais, contando com Maria Amalia Favalle como ego-auxiliar.

Desde o primeiro contato, na aula de Gaiarsa, comecei a pensar na possibilidade de unir vídeo e psicodrama. Achava fascinante a idéia de gravar sessões inteiras, para depois estudá-las calmamente em todos os seus detalhes. Em janeiro de 1980 comecei a utilizar um videocassete de mesa e uma câmera. O resultado dessa experiência consta do trabalho que apresentei à Sociedade de Psicodrama de São Paulo, para obtenção do título de terapeuta de alunos. O texto, com o título *Videopsicodrama*, foi publicado numa edição bem simples, custeada pelo autor, e que vinha acompanhada de uma fita de psicomúsica, com direção da psicodramatista Martha Figueiredo.

Videopsicodrama é o relato do trabalho de pesquisa desenvolvido durante alguns meses com um grupo formado por vários psicodramatistas, que denominei Grupo Experimental de Videopsicodrama. Foi o primeiro passo na direção do estudo do telepsicodrama, que abordarei a seguir.

Na época em que publiquei o trabalho ainda não se usava o termo videopsicodrama. Ele foi cunhado por mim, para denominar um método de trabalho que consiste na gravação de sessões de psicodrama em videocassete, para exibições em circuito fechado de TV. Já apresentei esse método de maneira detalhada num dos capítulos do livro *Técnicas fundamentais do psicodrama*, organizado por Regina Monteiro e publicado em 1993 pela Editora Brasiliense.

A partir de 1980 passei a utilizar videopsicodrama em dois tipos de trabalho. Um deles eram as sessões de grupo com meus pacientes. Durante um ano e meio, uma vez por mês, registrei em vídeo as sessões de quatro dos grupos terapêuticos os quais eu atendia na época. O material produzido era utilizado para aprofundar e polir o trabalho, ou seja, o que tinha sido vivido pelos pacientes durante as sessões.

Desde o início dessa experiência ficou acertado explicitamente, no contrato, que o material só poderia ser exibido para o grupo. Quando se faz o registro de uma sessão terapêutica, a exibição deve ficar limitada ao primeiro público, aquele que permitiu a gravação. Não há possibilidade de apresentar um trabalho com objetivo terapêutico para outra pessoa ou grupo. Pode ser aberta uma exceção, a apresentação para um supervisor, desde que haja aquiescência dos pacientes.

A gravação das sessões ficava a cargo de outro psicodramatista, que não atuava com o grupo. Eu achava que não deveria introduzir um técnico em vídeo na sala de psicodrama terapêutico e, depois de consultar o grupo, convidei o psicodramatista Carlos Borba. Desde aquela época ele passou a ser o meu parceiro em todas as filmagens.

Depois de um ano e meio de trabalho com grupos terapêuticos e também com pacientes individuais, passamos a registrar sessões de psicodramas ou sociodramas públicos. O fato de ser público já implicava que podia ser registrado e exibido para grupos de espectadores diferentes, mas, mesmo assim, sempre dávamos esclarecimentos às pessoas sobre o que estávamos gravando e qual era nosso propósito: apresentar o material em sessões abertas, com o objetivo de desencadear novas visões sobre o tema abordado ou dar origem a uma nova sessão. Nessas experiências, a preferência recaía particularmente sobre temas sociais, como as eleições diretas, a violência urbana, a epidemia de Aids e outros.

Provavelmente, foram estes trabalhos pioneiros, a partir de 1984, que inspiraram a prefeita Marta Suplicy a realizar 150 psicodramas na cidade de São Paulo, em março de 2001, com o tema "Ética e cidadania".

Em 1984, após uma experiência positiva de quase 400 horas de videogravação, escrevi um artigo intitulado "Telepsicodrama", no qual apresentei uma proposta para a realização de uma série piloto de psicodrama em circuito aberto de TV. Descrevi todas as possibilidades da utilização do psicodrama na TV, apresentei temas que podem despertar maior interesse do público e ainda detalhei métodos para a produção dos programas. Esse texto continua inédito até hoje, talvez por se tratar de uma proposta avançada demais para a época. Afinal, em 1984, a televisão brasileira era completamente diferente. Ainda não existiam programas interessados o bastante na exposição pública da vida privada das pessoas. O quadro mudaria completamente nos anos 1990, quando se presenciou uma invasão estonteante da vida privada, com mídia eletrônica expondo, sem critérios, cenas de guerra, de homicídios, suicídios e de degradação humana, com forte potencial deseducador. Surgiram pessoas dispostas a desnudar todo tipo de emoção diante de um público cada vez mais ávido por essa expécie de informação particular, privada, íntima.

Nos anos 1980, porém, diziam que seria loucura expor as pessoas na TV, e minha proposta, ou melhor, a proposta de Moreno parecia utópica. (Diante disso, imagino o que pensaram de Moreno, que falou de coisas semelhantes na recatadíssima década de 1940. Por certo o acharam maluco.) Em 1993, fui convidado, com Carlos

Borba, pela dra. Heloísa Dupas Penteado, socióloga e educadora, para realizarmos videopsicodramas pedagógicos com uma turma de alunos da Faculdade de Educação da Universidade de São Paulo (Feusp). Heloísa havia feito sua psicoterapia em psicodrama na década de 1970, estudara psicodrama pedagógico e era uma entusiasta desse método. O resultado foi bom, e a experiência está documentada num dos artigos do livro *Jogo, brincadeira, brinquedo e educação*, da Editora Cortez, organizado em 1996 por Tizuko Kishimoto. Nesse trabalho, Heloísa expõe com clareza a importância do videopsicodrama pedagógico na educação.

A experiência com videopsicodrama pedagógico foi retomada com a nossa atual pesquisa em telepsicodrama pedagógico. Quem teve a idéia e nos apresentou uma proposta de pesquisa nessa área, no final de 1999, foi, mais uma vez, Heloísa Penteado, coordenadora geral do projeto.

Este trabalho envolve uma equipe multidisciplinar, na qual estão incluídos profissionais das áreas de psicodrama, educação, comunicação e televisão. Juntaram-se a nós mais duas educadoras com título de doutorado em sua área de atuação: Maria Izabel Galvão Gomes Pereira, diretora da Escola de Aplicação, da Faculdade de Educação da Universidade de São Paulo, e Vani Kenski, da mesma Faculdade e integrante do Grupo de Trabalho Educação e Comunicação, da Associação Nacional de Pesquisas em Educação (Anped), do qual também faz parte Heloísa Penteado. A equipe foi completada com os *videomakers* Maurício Gouveia e Lu Gallo.

O projeto de pesquisa se denomina "Telepsicodrama pedagógico, pedagogia da comunicação e educação: formação em temas emergentes e urgentes". O que se propõe é a junção de duas linguagens: a televisiva e a psicodramática. O encontro de técnicos em psicodrama com os técnicos em televisão para a criação do telepsicodrama constitui a primeira parte do projeto. A segunda consta da exibição do telepsicodrama em escolas (circuitos fechados de TV) e canais educativos de TV (circuitos abertos de TV) seguida de investigação dos telespectadores a respeito da eficácia educativa do programa.

A execução da primeira parte do projeto, que é a produção do telepsicodrama, implica um processo por si só educativo. O relacionamento dos pesquisadores psicodramatistas com professores, alunos e funcionários da instituição escolar segue os pressupostos teóricos-práticos do psicodrama pedagógico. É uma tarefa árdua, exaustiva, mas prazerosa. Pudemos perceber isso em todo o ano de 2000, durante o qual trabalhamos na Escola de Aplicação, realizando reuniões administrativas, pedagógicas e psicodramáticas, para a produção do telepsicodrama, para a preparação dos mesmos, e também nas sessões de exibição do vídeo.

Todo esse trabalho foi voluntário, sem patrocínio financeiro e, por isso, sem a possibilidade de gravação em estúdio de TV. Trabalhamos com câmeras domésticas de vídeo, sem boas condições de espaço, iluminação, som etc.

O ano de 2001 trouxe-nos a possibilidade de superarmos parte das dificuldades técnicas, por meio de uma parceria com o Programa de Pós-Graduação da Escola de Comunicação Social Cásper Líbero. Essa união, que se deu por meio da pedagoga psicodramatista Liana Gotlieb, que passou a fazer parte da coordenação da pesquisa, possibilita a gravação das sessões de telepsicodrama em estúdio de TV.

A história de Regina

Nosso próximo objetivo é o telepsicodrama, com características próprias e adequadas para exibição em TV aberta. Acredito que as possibilidades do telepsicodrama numa rede de televisão são imensas. Mas os seus diretores ainda não perceberam isso e é difícil explicar.

A proposta que temos para a TV aberta, a partir de nossas pesquisas, é de um trabalho pedagógico, com uma linguagem própria e sofisticado do ponto de vista técnico. Mas, antes de falar mais sobre essa proposta, acho relevante narrar outra experiência, realizada nos anos 1980: a realização e exibição de um videopsicodrama terapêutico.

Foi uma experiência única, com a participação de Regina Dourado, atriz de televisão. Ela nunca havia participado de uma sessão de psicoterapia e não nos conhecia, mas aceitou o convite para participar da gravação de um ato terapêutico, com começo, meio e fim. Trabalharíamos com questões emocionais apresentadas por ela, cabendo-lhe decidir, ao final, se a fita poderia ou não ser exibida publicamente.

A sessão teve três horas de duração e foi filmada com uma câmera amadora. Participaram, além de Regina, dois egos-auxiliares, Regina

Teixeira da Silva e Gecila Sampaio Santos, o diretor de videopsico-drama Carlos Borba e eu.

O que chamo de videopsicodrama corresponde, em tese, ao que Moreno chamou de filme psicodramático. Por quê? O videopsi-codrama é um trabalho feito para ser exibido em circuito fechado de TV, numa única sala ou em algumas salas ao mesmo tempo. Numa situação dessas, é possível ter controle sobre o público, aquecê-lo para a exibição e, mais tarde, observar suas reações. É diferente do que chamo de telepsicodrama, feito para ser exibido em circuito aberto de TV.

Quando iniciamos a sessão, combinou-se que Regina apenas forneceria o material para a história. Sua participação em cena fica-ria limitada a um papel secundário. Mas, no decorrer do trabalho, ela se envolveu de tal maneira e entrou com tanta força no papel de protagonista, que achei desumano retirá-la dali. Desisti do método e passei a dirigir um psicodrama comum. Ela passou a ser a atriz principal de seu próprio drama.

O tema, surgido espontaneamente, era a maneira como ela lidava com a força e a fragilidade existentes dentro dela. Como propõe Moreno, esse é um tema universal, que pode ser abordado em qualquer lugar, uma vez que todo ser humano sempre terá um lado frágil e um lado forte. Para preservar a privacidade de perso-nagens internos, integrantes da vida de Regina, trabalhamos num nível simbólico, no qual uma pessoa desempenha o papel da força e outra representa a fragilidade.

Depois disso, o material de três horas de duração foi editado e reduzido a um filme de 50 minutos, que passei a exibir em reuniões científicas, congressos, seminários, palestras. Foi isso que Regina autorizou.

Nessas exibições, sempre tomo algumas cautelas, visando ob-ter melhores resultados. Desenvolvi uma técnica de aquecimento própria, que considero mais adequada para esse tipo de trabalho. Procuro criar um clima próximo ao do clima de cinema. Quando você coloca um aparelho de TV diante das pessoas, percebe que o papel de telespectador é tão natural e desenvolvido que elas agem como se estivessem em casa, onde levantam, vão à cozinha, ao ba-nheiro, falam ao telefone, comem pipoca, conversam. Tento evitar que isso aconteça. Preparo as pessoas para o clima de cinema.

Fecho a sala, peço para não conversarem. Quero que o espectador fique imerso no mundo da Regina.

Posso usar esse filme de diferentes maneiras. Ele pode servir como exemplo de um psicodrama, durante uma aula para um grupo de alunos psicodramatistas; para discutir as técnicas usadas pelo diretor; como exemplo do trabalho dos egos-auxiliares. Também pode ser o instrumento de uma sessão terapêutica com as pessoas que estão assistindo.

Cada tipo de enfoque, porém, exige uma espécie de aquecimento diferente da assistência. Quando exibo o filme para alunos de psicodrama, peço para fazerem suas observações a partir do papel de alunos, criticando a direção, o trabalho dos egos-auxiliares. Se a sessão for com um grupo terapêutico, cito de antemão o tema da força e da fragilidade. Peço às pessoas que parem um pouco, olhem para dentro delas e vejam como essas duas energias estão agindo. Quero que se abram e deixem o mundo de Regina mexer com elas.

O resultado é excelente e confere com o que Moreno propõe. O grau de identificação é alto, o que em geral faz com que algumas pessoas se emocionem, chorem, tenham *insights*, cheguem à catarse. Após a exibição do filme, segue-se a etapa de compartilhar, na qual cada pessoa pode falar a respeito do que o protagonista despertou nela. De maneira geral, isso é suficiente para arredondar a emoção daquele encontro, que geralmente dura duas horas. Às vezes, porém, ainda é necessária uma pequena cena psicodramática, uma vinheta, com os assistentes.

Depois de assistir a esse filme cerca de 40 vezes e observar as reações das pessoas, percebi que ele continha alguns momentos arrastados e outros muitos emocionantes. Então decidi fazer uma segunda edição, reduzindo-o para 40 minutos. Ficou ainda melhor como videopsicodrama terapêutico.

Uma das experiências mais gratificantes com o filme, já nessa nova versão, ocorreu durante 1º Encontro Sul-Brasileiro de Psicologia, realizado em Curitiba, no ano 2000. O público era formado por 70 pessoas, a maioria estudantes de psicologia, quase todos leigos em relação ao psicodrama.

Na apresentação, falei de nossas pesquisas sobre telepsicodrama e expliquei que estava interessado em verificar como a fita a ser exibida mexia com as pessoas. Os estudantes ficaram sensibilizados com o drama de Regina e com a solução que ela dá a ele – a conjunção das duas energias, a força e a fragilidade. No final, várias pessoas da assistência insitiram para que eu continuasse com nossas pesquisas, afirmando que esse tipo de trabalho tem muita pertinência com a TV aberta.

A vantagem de uma fita de vídeo como essa é que se trata de um trabalho que pode ser reproduzido. Imagine-se uma fita que aborde o tema da alta em instituições hospitalares que trabalhem com saúde mental – o mesmo tema tratado por Moreno. É possível fazer cem cópias dela, distribuir para instituições, médicos ou psicólogos que trabalhem com grupos de pessoas, e ver que resultados provoca. Acredito que o psicodrama é a única corrente psicoterápica ou psicológica que tem essa possibilidade, porque vem do teatro. Se você exibir a filmagem de uma sessão de psicoterapia verbal, verá, passados apenas alguns minutos, que ninguém a suporta mais. Qualquer outro trabalho exclusivamente verbal em psicoterapia é inviável quando se trata de apresentação pública. A razão disso é clara: o psicodrama leva o paciente a caminhar para dentro, mas transformando suas vivências internas em cenas psicodramáticas. Realiza-se pela ação dramática – e é nisso que reside seu grande potencial para o cinema e a TV.

O grande desafio

Numa rede de TV aberta eu ainda não me arvoraria em propor um trabalho psicoterapêutico, como o que foi feito com a participação de Regina. Depois de ter visto as reações que despertou nas pessoas, em exibições em circuitos fechados, não sei como ele funcionaria, o que desencadearia. Essa preocupação pode ser inútil, se considerarmos que o clima do telespectador em casa é diferente. Como já disse, ele está comendo pipoca, ouvindo o cachorro latir, brigando com a mulher, e talvez não consiga se envolver com o drama apresentado por Regina, embora algumas pessoas possam achar que se trata de uma obra de ficção.

Na verdade, a minha preocupação principal é com a linguagem. A que usamos no videopsicodrama psicoterapêutico, exibido em circuitos fechados, em condições especiais que facilitem a concentração, não pode ser a mesma do telepsicodrama educativo ou pedagógico. Se não posso pedir aos telespectadores para que desliguem o telefone, esqueçam a geladeira, o cachorro e os vizinhos, terei de produzir algo capaz de envolver as pessoas apesar de todos os ruídos ao seu redor, algo que provoque, prenda a atenção.

O grande desafio no momento é a produção dessa nova linguagem, a telepsicodramática, com a união de outras duas linguagens já bem desenvolvidas, a videográfica e a psicodramática. Isso exigirá um aprimoramento, entendido não exclusivamente de uma perspectiva técnica, visando atrair a atenção do telespectador e obter o seu envolvimento, mas também levando em conta a perspectiva psicodramática, responsável pela seleção das "melhores cenas", aquelas mais adequadas para os possíveis desdobramentos de aprendizagem. Muito provavelmente serão exigidos recortes, cortes, enquadramentos inéditos. Técnicos de gravação e psicodramatistas deverão ter uma enorme disposição para o trabalho em conjunto.

Nas experiências que já realizei, sempre houve a presença de dois psicodramatistas. Um que fica à frente da câmera, trabalhando com o grupo, e outro que fica atrás, registrando o trabalho. Na minha opinião, esse trabalho, que chamo de videodireção psicodramática, deve ser realizado por um psicodramatista, porque o olhar de um técnico de TV ou técnico de vídeo é diferente do de um especialista em psicodrama.

O videodiretor psicodramático com o qual tenho trabalhado, Carlos Borba, possui boa experiência no registro de sessões de psicodrama, destinadas à exibição para o próprio grupo ou para outra platéia. Além de seus conhecimentos como psicodramatista, ele reúne outras qualidades importantes para esse projeto: teve formação teatral antes de se tornar psicólogo, e é um cinéfilo, um estudioso de imagens cinematográficas. Possui um olhar especial, capaz de detectar, durante uma cena, a imagem da mão tensa, contrita, de um personagem que procura aparentar tranqüilidade enquanto fala. O conhecimento dessa dissociação entre a fala e o corpo é muito importante para a pessoa que registra o psicodrama.

O segundo grande desafio para a inserção do videopsicodrama em circuitos abertos de TV é a técnica. Será necessário um grau de excelência da qualidade da imagem e de som diferente daquele dos videopsicodramas produzidos apenas para a apresentação em circuitos fechados. Isso pressupõe a utilização de um bom estúdio de TV, com três ou quatro câmeras, bons microfones de lapela ou girafas, sistema de iluminação adequado, e espaço psicodramático delimitado e visível para o telespectador.

Não se pode deixar de lado também a preocupação com as pessoas que participarão do psicodrama. Na TV poderia ser abordada uma infinidade de temas de interesse da comunidade, mas cada um deles deveria contar com a presença de pessoas diretamente envolvidas. Se eu for trabalhar com egressos de uma penitenciária, para abordar os problemas que terão no retorno ao convívio social, preciso de um grupo de egressos. Se for tratar dos problemas de uma favela, é necessário um grupo de favelados. Na abordagem do tema da adoção de filhos, posso fazer uma sessão com casais inférteis, que se encontram diante do dilema de adotar ou não uma criança. Uma segunda sessão pode ser feita com pessoas adotadas. E, numa terceira, reunir pais adotivos e filhos adotados, desde que não sejam os mesmos da vida real, para não transformar a sessão em algo pessoal. Enfim, em cada trabalho com tema social é preciso envolver pessoas que tenham relação com ele, que tenham vivido as situações reais.

O trabalho no estúdio poderá envolver também pessoas que não estão agindo diretamente na sessão do psicodrama. Se tenho dez pessoas em cena, provavelmente terei uma assistência com outras 30. Esse público representa o telespectador e, embora esteja mais distanciado do que o pessoal em cena, tenho de prestar atenção e levar em conta as suas reações, porque elas ajudarão na edição final do programa.

No estúdio, para se obter um bom nível de envolvimento do público com a sessão de psicodrama, será necessário um aquecimento adequado, com a participação de um segundo psicodramatista, que atuará como diretor de platéia, não visível para o telespectador em casa, e cujo trabalho inicia-se antes da gravação do programa. Ele prepara, aquece o auditório, deixando-o pronto para poder participar da gravação, levando em consideração as características do trabalho, que não é um espetáculo comum para ser assistido, mas algo que vai nascer espontaneamente durante a ação.

Vamos imaginar os preparativos para a gravação de uma série de telepsicodramas pedagógicos destinados a adolescentes, cujo foco é a sexualidade. Pode-se recorrer a alguns temas em torno disso – a primeira relação, beijos e carícias, sexo e gravidez, sexo e doenças sexualmente transmissíveis, características de uma relação afetiva e sexual entre uma garota e um garoto e características de uma relação homossexual. Na gravação de cada um desses temas será preciso preparar o auditório.

O aquecimento da platéia também deverá ser gravado desde o início. Nessa fase do trabalho com freqüência surgem situações boas, criativas, bonitas, envolventes, que, se não forem gravadas, ficam perdidas. Mesmo quando se pede para repetir o que acabou de acontecer, não se obtém o mesmo resultado.

O ideal seria não espremer o trabalho de gravação num horário curto. O tempo mais adequado talvez fosse uma hora e meia ou duas horas, para preparar calmamente as pessoas, realizar a sessão e, depois disso, fazer uma edição do material, reduzindo-o a 20 ou 30 minutos.

Depois de pronta a edição, o diretor do psicodrama tem de gravar suas inserções. Na abertura do telepsicodrama, ele se dirige ao telespectador e explica o que vai ser apresentado, fala sobre o psicodrama, sobre o tema escolhido. Além disso, ele aparece no meio da apresentação do programa, fazendo comentários e oferecendo mais explicações. Quando do término, também cabe a ele fazer o fechamento, tentando resgatar o tema, comentando a solução encontrada para o conflito e fazendo sugestões para o telespectador. Ele pode dizer, por exemplo, que "a Maria dramatizou essa dificuldade que ela tem de dizer não e o jeito que ela encontrou para sair disso foi 'tal'. Você, telespectador, poderá encontrar o seu próprio jeito. Pense melhor em como poderá dizer não às pessoas". O diretor abre possibilidades para permitir que cada um encontre uma resposta nova para uma velha pergunta.

Não tenho dúvida de que ao apresentar o trabalho na TV, os egos-auxiliares, os participantes do grupo e eu, como profissional, estaremos correndo todos os riscos inerentes a uma exposição desse tipo. Afinal, vamos mostrar algo que ainda não se sabe direito como é, um trabalho que precisa ser inventado, feito, refeito, até chegar a um produto adequado.

Mas, viver psicodramaticamente envolve criação, espontaneidade, pesquisa, busca de respostas novas para velhas perguntas. O risco é inerente à ação psicodramática.

Na virada do milênio já estamos a um passo de poder trabalhar com internet de banda larga, o que torna mais fácil e rápida a transmissão de grande número de dados. Isso vai permitir que os interlocutores, individualmente ou em grupo, vejam um ao outro enquanto falam. Teremos então de pensar num webpsicodrama, termo que designa o psicodrama na... Mas isso já é assunto para outro capítulo ou livro.

Psicodrama na rua[1]

Antonio Carlos Cesarino

Depois do evento do último dia 21 de março, quando se realizou um megapsicodrama na cidade de São Paulo, surgiram muitos comentários de diversos campos.

Entre os próprios psicodramatistas, que trabalharam de graça, a reação foi de euforia, por estarmos podendo colocar em prática a vocação principal do psicodrama: a social.

A mídia em geral deu bastante destaque ao acontecimento. Grande parte das matérias publicadas foi séria e pertinente, mostrando que a intenção e o alcance eventual da tarefa estavam sendo compreendidos. Sobretudo da população atingida, tivemos numerosos, emocionados e gratificantes comentários, quase todos eles de pessoas agradavelmente surpreendidas. A prova do acerto da proposta é de que praticamente todos os participantes, sejam funcionários, populares, professores, pais de alunos etc., pediram que a atividade continue.

Houve, entretanto, certo número de comentários, creio que em sua maioria provenientes de opositores políticos do atual poder municipal. Aí surgiram muitos equívocos, tanto oriundos de desinformação como até mesmo de má-fé e má vontade.

Por isso gostaria de trazer alguns esclarecimentos, tanto do ponto de vista técnico como em relação ao significado e intenção do evento em si.

---

1. Artigo publicado na *Folha de S.Paulo* em 7/5/2001 na seção "Tendências e debates".

O psicodrama é uma maneira de trabalhar com grupos, de forma terapêutica, pedagógica, investigativa, desenvolvida no início do século passado em Viena (pouco depois do advento da psicanálise), que se baseia em três pontos de apoio: teatro (que é sua origem mais forte), psicologia e sociologia. Sua história é longa e interessante, mas vamos falar apenas de um pedacinho do que se passou já aqui no Brasil.

O psicodrama surgiu com força durante o período mais terrível da ditadura militar – final dos anos 1960 e início dos 70. Era a época em que no mundo se desenvolvia a contracultura, quando se questionavam posturas até então intocáveis. Como aqui o fazer diretamente político estava proibido, boa parte do movimento contestatório se manifestou mais nitidamente no grande desenvolvimento da produção cultural, em que havia uma evidente tendência a um pensamento de esquerda. Aí se conta o Cinema Novo, o Teatro de Arena, a música popular veiculada em numerosos festivais, marcada pela intenção do protesto e da denúncia social. Havia um clima geral de engajamento político, que era aceito e veiculado pela mídia. A contrapartida da expansão crescente dessas idéias entre a juventude (principalmente universitária de classe média) era o bloqueio progressivo dessas idéias para as classes populares.

Em dezembro de 1968 surgiu o Ato Institucional nº 5 (lembram-se alguns dos leitores?), pelo qual foi proibida terminantemente qualquer possibilidade de manifestação, impressa, falada etc. Baixou a noite total sobre os brasileiros.

Aos poucos, entretanto, o "milagre econômico" da ditadura foi anestesiando parcelas importantes da sociedade, na medida em que acenava com o sonho da ascensão social, com uma alegre fantasia de consumo. Ao mesmo tempo, a defesa de valores antigos (como a família e a conduta sexual, que vinham sendo questionadas em sua estruturação tradicional), encampada pela ditadura, foi levando uma parcela conservadora da população a apoiar direta ou indiretamente (até com uma passividade inconsciente) os desmandos do poder militar. Um bom exemplo disso foi a chamada "marcha da família com Deus pela liberdade", em que as patroas de classe média e alta levaram suas empregadas para engrossar o número. O medo de perder suas vantagens e a situação geral de opressão, que proibia toda organização ou manifestação coletivas, potencialmente contestatórias, contribuíram para essa aceitação.

Grandes modificações na vida econômica e política, o caminho para a globalização no que ela tem de destrutiva e predatória como vai se dando hoje etc. são a continuação dessa história que não vou detalhar aqui. Apenas perceber que seu corolário, regido pela "cultura" norte-americana, é a ideologização de uma volta ao individualismo no seu pior sentido, paralela a um estímulo crescente ao consumismo. Quanto mais essa face do capitalismo se desenvolve e contamina as cabeças, mais se implanta na mente das pessoas esse individualismo-egoísmo, determinando que a vida e o destino de cada um é obra dele mesmo. A conseqüência desse pensamento é a de que não é necessário nem possível ser solidário e de que a idéia de comunidade é mera ficção.

A ética, então, nesse caso, se resume ao interesse pessoal e não se cogita de cidadania (que seria pensar no coletivo); portanto, não se valoriza e não se precisa do Estado. Daí considerar que já que existe um governo, "eles" que se virem e façam algo por nós que ficamos aqui esperando enquanto cuidamos de nossas próprias vidas.

Pois foi nesse contexto que entre nós surgiu o psicodrama: propondo o coletivo onde a ditadura impunha o isolamento, soltando o grito e o movimento onde o medo exigia o silêncio e a paralisia, aceitando sua vocação eminentemente política, embora tivesse também um grande espaço terapêutico, até porque em sua proposta acredita-se que não há separação entre saúde e sociedade.

Então é exatamente aí que se insere o evento psicodramático realizado outro dia. A intenção da prefeita e, mais do que isso, e junto com isso, a intenção dos cerca de 500 psicodramatistas que se espalharam pela cidade era de tentar recriar uma possibilidade de presença, de auto-estima, de sensação de pertencer a um coletivo para as pessoas desta cidade, de discutir e assumir a própria cidadania. Claro que é um processo incipiente, talvez o primeiro de uma série de eventos semelhantes.

Quanto ao instrumento, como já foi dito, o psicodrama se baseia essencialmente no teatro. Mas não no teatro como todos o conhecem, em que uma peça escrita por um autor é representada por artistas para a platéia. No psicodrama, a platéia e os artistas se confundem. O texto a ser representado surge na hora; o drama a ser representado é aquele do grupo presente, e os profissionais participantes apenas ajudam tecnicamente no desenvolvimento das cenas.

Isso é a concretização, no plano simbólico e com a força emocional da dramatização, de que o seu drama, a sua vida, a vida de todos nós depende de um pensar e atuar coletivamente. O texto é construído conjuntamente pelas pessoas presentes.

Quando esse instrumento trata de abordar temas institucionais, cujo interesse, no momento do trabalho, transcende o drama individual e se dirige ao coletivo, chama-se sociodrama. E é isso o que aconteceu em São Paulo, em muitos lugares, no dia 21: um amplo sociodrama público, contribuindo para demarcar com clareza a diferença de postura entre as pessoas que ocupam atualmente a prefeitura e as anteriores.

Durante as sessões houve momentos comoventes em que um morador de rua declarava ser essa a primeira vez que alguém falava com ele, enquanto uma pessoa do grupo reunido dizia que passava por ele todos os dias e não tinha se dado conta de que ele era um ser humano. Houve situações de reclamações habituais em que as pessoas se aperceberam de que simplesmente reclamar não leva a nada, de que é necessário atuar – aí a discussão se desloca para quais as melhores e mais adequadas formas de atuação. Para muitos houve uma descoberta de que o espaço público não é apenas um espaço de passagem, mas que ele nos pertence, que pode ser um espaço de encontro e de convivência. Poderíamos relatar dezenas de situações humanas de grande significado emocional, individual e coletivo, surgidas durante o trabalho. Havia (e há) uma grande massa de subjetividade recolhida, represada, que se soltou com toda sua pujança e criatividade em quase todas as situações vividas.

Se isso é "perfumaria", como disseram alguns, se não se recria a noção de que a cidade pertence aos seus habitantes e não aos donos do poder, que sentido faz governar? Talvez para esses críticos o governar seja mero exercício pessoal de vaidade e de poder, ou mera realização de construções de ruas e pontes, sem pensar em quem vai viver nesses lugares. Não se deixa de considerar que é necessário tapar buracos, cuidar da saúde e das escolas etc., mas se patenteia com clareza que o que se fizer é para ser feito para e com as pessoas da cidade. Existe uma forma mais rica e humana de pensar a política. Por aí é que se enraíza uma posição essencialmente ética: o poder só tem sentido se sua função leva em conta a utilidade geral.

O que se deseja é chegar a um ponto em que andar pelas ruas seja não apenas um momento mais seguro (sem ladrões e sem buracos), mas também um momento de se estar junto com uma porção de pessoas com as quais se pode dialogar, junto com as quais se pode pensar nas melhores soluções para os problemas que surgirem, junto com as quais se pode viver.

Sobre os autores

ANNA MARIA ANTONIA ABREU COSTA KNOBEL

Psicóloga; psicodramatista, professora supervisora pela Federação Brasileira de Psicodrama; diretora do Instituto de Psicodrama J. L. Moreno – SP. Mestranda do Programa de Estudos pós-graduados em Psicologia Clínica da PUC-SP.

ANTONIO CARLOS CESARINO

Psiquiatra, psicodramatista pela Sociedade de Psicodrama de São Paulo, terapeuta e supervisor pela Federação Brasileira de Psicodrama, doutor em Medicina pela Universidade de Heidelberg (Alemanha). Foi professor universitário (PUC-Unesp, Faculdade de Medicina da Santa Casa), membro do Conselho Regional de Medicina, diretor do Sindicato dos Médicos de São Paulo, e é membro da Comissão Justiça e Paz.

CLÁUDIO HERMANN PAWEL

Médico psiquiatra pela Escola Paulista de Medicina, especialista em Psicoterapia Psicodramática de Adolescentes pela Sociedade de Psicodrama de São Paulo. Médico-psiquiatra do Centro de Saúde Escola da Faculdade de Saúde Pública – USP. Fundador do Grupo Reprise, pioneiro no trabalho com Playback Theatre no Brasil.

CARLOS A. S. BORBA

Psicólogo clínico e psicodramatista; ator pelo Teatro da Universidade Católica de Pernambuco (TUCAP); diretor e ego-auxiliar de Psicodramas e Sociodramas Públicos, videodiretor de Videopsicodrama, diretor de Comunicação e Divulgação da Federação Brasileira de Psicodrama (gestões 1999/2000 e 2001/2002); bacharel em Direito.

ELISABETH MARIA SENE COSTA

É médica-psiquiatra e psicodramatista pela Sociedade de Psicodrama de São Paulo (Sopsp), terapeuta de aluno e professora-supervisora pela Federação Brasileira de Psicodrama (Febrap). É autora do livro *Gerontodrama: a velhice em cena*, médica colaboradora do Grupo de Doenças Afetivas do Instituto de Psiquiatria do HC-FMUSP – (GRUDA), e ex-presidente da diretoria executiva da Sopsp-2000/01.

LUIS RUSSO

Formado em Psicologia pela Universidade Paulista em 1978, especializou-se em Psicodrama em 1984. Em 1988 obteve o título de professor-supervisor pela Federação Brasileira de Psicodrama. Psicólogo colaborador do Grupo de Doenças Afetivas – (Gruda) do Instituto de Psiquiatria do Hospital das Clínicas da Faculdade de Medicina da Universidade de São Paulo.

MARIA DA GLÓRIA HAZAN

Psicóloga de Orientação Junguiana formada pela Universidade São Marcos; psicoterapeuta, psicodramatista pelo Instituto J. L. Moreno. Coordenadora de grupo de pesquisa e estudo de Cabala e Psicodrama. Participante do Grupo Vagas Estrelas – "Psicodrama e Teatro Experimental".

MÁRCIA REGINA MENEZES PEREIRA BARRETTO

Psicóloga e psicodramatista formada pelo Instituto Sedes Sapientae. É integrante do Grupo Vagas Estrelas.

MARTHA FIGUEIREDO

Psicóloga, psicodramatista, terapeuta de aluno, professora-supervisora junto à Febrap, fundadora e coordenadora do Celeiro Espaço Psicodramático, bacharel em Direto, musicista e educadora.

MILENE DE STEFANO FÉO

Psicodramatista, psicoterapeuta de aluno e professora-supervisora pela Febrap. Formação em Psicodrama Pedagógico pelo Getep e Clínico pelo DPS do Instituto Sedes Sapientiae. Especialização em Psicoterapia Psicodramática de Adolescentes e Adultos pelo Instituto Sedes Sapientiae. Foi Professora do Curso de Psicologia da Unisa, do curso de Formação em Psicodrama na Sopsp e no Instituto Sedes Sapientiae.

RONALDO PAMPLONA DA COSTA

Médico pela Universidade Federal do Paraná e psiquiatra pela USP. Psicoterapeuta e supervisor de Psicodrama, pela Federação Brasileira de Psicodrama. Professor do Curso de Sexualidade Humana, da Sociedade Brasileira de Sexualidade Humana. Conselheiro do Instituto Kaplan (Centro Multidisciplinar de Atendimento em Sexualidade). Criador do Método VIDEOPSICODRAMA – Utilização de vídeo em grupos de psicodrama. É co-autor de quatro livros e autor de *Os onze sexos*, pela Editora Gente.

ROSA CUKIER

Psicóloga desde 1974 pela PUC-SP; psicanalista desde 1983 pelo Instituto Sedes Sapientiae de São Paulo; psicodramatista, professora-supervisora pela SOPSP – Sociedade de Psicodrama de São Paulo – e pelo Instituto J. L. Moreno de São Paulo; autora dos livros: *Psicodrama bipessoal – sua técnica, seu cliente e seu terapeuta*, São Paulo, Ágora, 1992, e *Sobrevivência emocional: as feridas da infância revividas no drama adulto*, São Paulo, Ágora, 1998.

STELLA REGINA DE SOUZA FAVA

Psicóloga pela PUC de São Paulo, psicodramatista coordenadora da Oficina de Psicodrama de São Paulo. Co-autora do livro *Ações educativas – vivências com psicodrama na prática pedagógica*, São Paulo, Ágora, 1997. Professora-supervisora e terapeuta de alunos pela Federação Brasileira de Psicodrama.